# PLANĒTE SAUVAGE

Préface GILLES BŒUF, ancien Président
du Muséum national d'Histoire naturelle

# PLANĒTE

150 SITES NATURELS Ā TRAVERS LE MONDE

# SAUVAGE

Glénat

# PRÉFACE

Cet ouvrage magnifique *Planète sauvage* est une véritable ode à la diversité de la nature de notre planète, tant marine que terrestre, à la fois géo et biodiversités. À partir de 150 sites retenus sur les cinq continents, les photographies et les textes démontrent la fascinante variété de notre Terre... Les images récentes prises depuis la Station spatiale internationale ou de satellites nous transportent de beauté et d'émerveillement, mais devraient aussi nous inciter à l'humilité.

Aujourd'hui l'humain a pris une place bien à part dans les quelque 2,5 millions d'espèces vivantes actuelles connues et répertoriées dans les Musées d'histoire naturelle. Nous sommes profondément animaux dans notre nature – nous avons la même glande thyroïde qu'une... truite – un cerveau, du sang, des reins, un foie, un cœur..., nous sommes faits d'eau liquide (80 % pour notre cerveau, 75 % pour le corps à la naissance), de sels et de cellules mais nous avons tendance à l'oublier. Notre physiologie intime, dans notre sang, raconte l'histoire de la sortie de l'océan il y a un demi-milliard d'années et aujourd'hui l'humain se comporte comme un cruel et irresponsable destructeur d'écosystèmes, un contaminateur, un disséminateur, un sur-exploiteur et enfin, il est même capable, par ses activités économiques, de modifier profondément et durablement le climat. Comment imaginer que si nous continuons ainsi à abîmer notre environnement, nous n'ayons pas en retour de graves problèmes de santé publique ? Nous respirons de l'air, buvons de l'eau et mangeons en permanence cette biodiversité qui nous entoure. Alors il faut bien plus nous en soucier.

Et cet ouvrage peut nous y aider en nous ouvrant les portes de l'émerveillement sur cette planète Terre, que tous les astronautes ont déjà rapporté, en voyant à travers un petit hublot, la totalité de cette boule (elle est bien presque ronde !!!) et elle tourne dans la noirceur du vide intersidéral. Si l'humain est profondément animal dans son organisation intérieure, il n'est pas que cela, puisqu'il a pris depuis cette époque ce que Paul Crutzen nous proposait en 2001, l'anthropocène, cette attitude de domination insensée et destructrice de son environnement, associée à sa démographie délirante : quadrupler la population humaine en moins d'un siècle !

Voilà pourquoi un tel ouvrage est indispensable et devrait jouer le rôle d'un électrochoc collectif salutaire qui nous amènerait à de la considération des autres formes de vie, à une envie de partage et de respect de cette fabuleuse, ici bien illustrée, nature qui nous environne. La Terre se forme il y a 4,6 milliards d'années, la vie y apparaît aux environs de 4, sort de l'eau vers un demi, et les humains y existent seulement depuis 400 000 ans, en Afrique. Le vivant se développe dans l'eau de mer ancestrale sous forme de cellules isolées qui n'en sortiront que beaucoup plus tard avec un principe bien clair, une fois hors de l'eau, il faut la garder à l'intérieur de l'organisme. Et cet ouvrage est rempli de superbes photographies d'eau, salée, saumâtre, comme notre sang ou douce, celle que nous pouvons boire. Sans eau, sur Terre, ce sont les déserts et il y en beaucoup dans ce livre. Le vivant s'y maintient, difficilement, mais s'y trouve grâce à des adaptations prodigieuses. À l'inverse, là où l'eau est bien présente en abondance, la forêt tropicale humide ou encore le récif corallien, nous y trouvons les plus grandes concentrations d'espèces, parfois plus de 30 000 au km$^2$.

Le monde minéral antérieur (merveilleusement photographié dans nombre de sites retenus ici) a été fortement affecté par l'émergence de la vie et la production d'oxygène il y a plus de 3 milliards d'années et bon nombre des 5 200 minéraux actuellement connus n'existeraient pas sans le vivant. Le minéral et le vivant se sont entrecroisés avec la bio-minéralisation (squelette, coquille de l'œuf, des coquillages...). La photographie et le cinéma complètent superbement l'expérimentation et l'observation scientifiques et même, aujourd'hui, nous développons des approches sophistiquées en matière d'acoustique, et de chimie des odeurs et du goût. Nous sommes même capables de détecter un déséquilibre naturel à partir de spectres de sons et d'y lire un mal-être.

Nous avons besoin dans un tel ouvrage de rigueur scientifique, toutes disciplines confondues, mais il nous faut également faire passer de la passion, des notions de partage et d'amour et de capacité à s'émerveiller pour cette Terre qui nous supporte. C'est même la clé pour qu'un message passe. Puisse cet ouvrage contribuer à développer en chacun d'entre nous une véritable culture de la mesure de l'impact de nos activités, et nous inciter à fortement diminuer notre imprévoyance, notre arrogance et notre cupidité !

**Gilles Bœuf,**
professeur émérite à Sorbonne Université,
professeur invité au Collège de France,
ancien président du Muséum national d'Histoire naturelle,
président du CEEBIOS

# SOMMAIRE

# CARTES DU MONDE

OCÉAN ARCTIQUE
AMÉRIQUE DU NORD
EUROPE
OCÉAN ATLANTIQUE
AFRIQUE
TROPIQUE DU CANCER
ÉQUATEUR
OCÉAN PACIFIQUE
AMÉRIQUE DU SUD
TROPIQUE DU CAPRICORNE
OCÉAN AUSTRAL
1 2 3 4 9
77 78 79 80
81 82 83 84 85 86 87 88 89 90 91 92 93 94 95 96 97 98 99 100
101 102 103 104 105 106 107 108 109 110
111 112 113 114 115 116 117 118 119 120
121 122 123
167 168

# EUROPE

**LOCALISATION** Bláskógabyggð, au sud de l'Islande (vallée d'eau chaude de Haukadalur) ; juste à côté se trouve le Grand Geysir, qui a donné son nom à tous les autres geysers, mais qui n'est aujourd'hui plus guère actif

**HAUTEUR** 25-35 mètres

## Strokkur

C'est au milieu d'un paysage de pierre poreuse couleur ocre rouge, tachetée de minéraux verts, que repose le geyser Strokkur, fascinante attraction de la vallée de Haukadalur. Dans les régions géothermiques, les geysers naissent suite à l'emprisonnement d'eau chauffée dans des fissures terrestres qui se déchargent par la formation de vapeur d'eau. Juste avant de jaillir, l'eau du geyser Strokkur forme une grosse et belle bulle turquoise au-dessus du trou. La colonne d'eau jaillit alors à une hauteur impressionnante de 20 mètres. Strokkur explose, tel un métronome, à raison d'une éruption toutes les quelques minutes.

**LOCALISATION** Entre Þjórsárdalur et Fossárdalur, au sud de l'Islande

**LARGEUR** 12 mètres

**RIVIÈRE** Fossá Þjórsárdalur

# Háifoss
## ISLANDE

EUROPE ISLANDE

Située au nord de l'Hekla, la cascade de Háifoss est la troisième plus haute d'Islande après Morsárfoss et Glymur. D'une hauteur abrupte de 122 mètres, elle provient de la rivière Fossá. Non loin de là, cette même rivière donne naissance à une autre cascade, la Granni (signifiant voisine), qui mérite tout autant le coup d'œil. Si le soleil brille, vous aurez probablement la chance d'admirer un magnifique arc-en-ciel à travers le rideau de brume. On peut atteindre Háifoss soit par une piste uniquement praticable avec un véhicule 4x4, soit à pied. La randonnée commence sur le site archéologique de Stöng et se poursuit sans balisage dans la vallée de la Fossá, partiellement bordée de montagnes de rhyolite colorées. Au bout de trois heures environ, on arrive au-dessus de la cascade. De là, un sentier étroit et escarpé descend jusqu'au pied de Háifoss, dans une oasis de verdure.

**LOCALISATION** Entre Hrunamannahreppur et Bláskógabyggð, au sud de l'Islande (Haukadalur)

**LARGEUR** 229 mètres

**FLEUVE** Hvítá

# Gullfoss

La cascade de Gullfoss, traduit littéralement par « chutes dorées », est l'une des chutes les plus emblématiques et appréciées d'Islande. Elle se compose d'une succession de deux chutes de 30 mètres de hauteur, dans laquelle se jette la rivière Hvítá – « rivière blanche ». En été, le débit de la Hvítá dépasse généralement les 100 mètres cubes d'eau par seconde. Les touristes se bousculent pour admirer ce paysage spectaculaire. Depuis 1979, Gullfoss et ses environs sont une réserve naturelle protégée. Si les chutes d'eau, aujourd'hui propriété de l'État, n'ont pas été sacrifiées à la production d'électricité, c'est avant tout grâce à la courageuse fille de paysan Sigríður Tómasdóttir, qui s'est engagée avec véhémence pour la préservation des chutes. Un monument à proximité porte son nom.

**LOCALISATION** Norðurland eystra, Austurland, Suðurland
**SUPERFICIE** 14 200 km²
**CRÉATION** 2008
www.vatnajokulsthjodgardur.is/en

# Parc national de Vatnajökull
## ISLANDE

EUROPE ISLANDE

Le Parc national de Vatnajökull a été créé en 2008. D'une superficie de plus de 14 000 kilomètres carrés, c'est le plus grand Parc national d'Europe. Il comprend le glacier Vatnajökull, les parcs nationaux autrefois indépendants de Skaftafell et Jökulsárgljúfur, ainsi que les massifs volcaniques d'Askja et Herðubreið. Comme de nombreux autres glaciers islandais, le Vatnajökull ne s'est pas formé lors de la dernière période glaciaire, mais il y a environ 2 500 ans. Il a pris de l'ampleur pendant la période du « Petit âge glaciaire », entre le début du XIVe siècle et la fin du XIXe siècle, avant de commencer à largement diminuer. Alors que la partie nord du Vatnajökull est entourée de hautes terres et accessible uniquement par des pistes cahoteuses en 4x4, une longue route circulaire longe son bord sud, à travers une étroite bande de terre non glacée. De Kirkjubæjarklaustur à l'ouest au-delà de Höfn à l'est, à proximité des glaciers, s'étend l'un des paysages les plus fascinants d'Islande, qui traverse l'immense plaine alluviale de Skeiðarársandur. De courts détours mènent à des langues et lacs glaciaires sur lesquels flottent des icebergs. Mais on ne devine la véritable grandeur de ce géant de glace qu'en grimpant sur l'un de ses sommets pour y admirer une surface de glace scintillante qui s'étend à perte d'horizon.

*Le plus grand Parc national d'Islande abrite des paysages aussi divers que variés : glaciers et volcans, prairies verdoyantes et roches escarpées, ainsi que d'imposantes chutes d'eau et sources chaudes. Il offre des zones de reproduction pour certaines espèces d'oiseaux en été. Des sternes arctiques notamment (ci-dessus) nichent autour des lagunes. Comme elles établissent leurs nids au sol, il n'est pas rare que des piétons imprudents marchent sur leurs œufs.*

**LOCALISATION** Les 80 îles sont situées au nord du cercle polaire arctique et font partie de la province de Nordland

**SUPERFICIE** 1 227 km$^2$

www.infolofoten.no

# Lofoten
## NORVÈGE

Surnommées « les Alpes au milieu de la mer du Nord », les îles féériques sont constituées d'une chaîne de montagnes aux sommets acérés, les pieds dans l'eau. Cet archipel tout en longueur a pour origine le nom viking d'une île : Lófótr, devenu Lofoten, est l'ancien nom de l'île de Vestvågøy, qui se traduit littéralement par « pied de lynx » en raison de la forme d'empreinte de lynx que dessinent ces îles vues du ciel. Les îles principales sont reliées entre elles par des ponts ou, aujourd'hui, par des tunnels. Le chapelet d'îles des Lofoten se trouve à 100 kilomètres au nord du cercle polaire arctique. Les nuits sont longues en hiver, mais, grâce au courant d'air chaud du Gulf Stream, les îles des Lofoten bénéficient d'un climat doux. Les pêcheurs vivent ici depuis environ 6 000 ans, comme en témoignent les nombreux séchoirs à morue et les rorbus, cabanes traditionnelles. Le tourisme est aujourd'hui l'une des principales sources de revenus avec la pêche.

*Rochers escarpés, plages de sable blanc, rivières sinueuses et mer à perte de vue : l'archipel magique des Lofoten fascine. C'est au sommet d'Offersøykammen que la vue est la plus spectaculaire.*

*Des nuages dramatiques se forment au-dessus des sommets dentelés, parfois enneigés, de la chaîne de montagnes de Vestvågøy, dont les parois abruptes s'élèvent parfois jusqu'à 1 000 m au-dessus de la mer (ci-contre).*

**LOCALISATION** À environ 200 km au nord-est de Bergen et à environ 280 km au nord-ouest d'Oslo, dans le comté de Møre og Romsdal

**SUPERFICIE** 15 km$^2$

Inscrit au patrimoine mondial de l'UNESCO depuis 2005



# Geirangerfjord
## NORVÈGE

Le Geirangerfjord, l'un des plus beaux paysages de la planète, est inscrit au patrimoine mondial de l'UNESCO depuis 2005. Il s'agit de la branche la plus intérieure du Storfjord, long de 120 kilomètres, par lequel passent chaque année plus de 150 bateaux de croisière du monde entier. Une croisière en bateau permet d'admirer les trois célèbres cascades « Les Sept Sœurs », « Le prétendant » et « Le voile de la mariée ». En été, les navires Hurtigruten font également escale à Geiranger, un village de 250 habitants situé au bout du fjord. La route du col Ørnevegen, « route de l'aigle », qui relie le Geirangerfjord au Norddalsfjord situé au nord, avec ses nombreux lacets et points de vue, est l'une des routes de montagne les plus époustouflantes de toute la Scandinavie. Elle constitue un point incontournable pour de nombreux vacanciers. En revanche, le point de vue le plus spectaculaire, le Flydalshornet, situé à 1 112 mètres au-dessus du fjord, n'est accessible qu'à pied.

*Le Geirangerfjord est considéré comme le joyau des fjords norvégiens, avec sa forme en S caractéristique et ses chutes d'eau qui s'écoulent abruptement de la montagne, comme les « Sept Sœurs » (ci-contre à gauche). Aujourd'hui encore, on découvre, au détour de sentiers, de nombreuses fermes de montagne abandonnées sur les pentes abruptes du fjord. Certaines d'entre elles ont été restaurées et sont désormais des sites culturels et historiques importants.*

**LOCALISATION** Fait partie des communes de Hol (province de Buskerud), Ulvik (province de Hordaland) et Aurland (province de Sogn og Fjordane)

**SUPERFICIE** 450 km²

**CRÉATION** 2006

# Parc national de Hallingskarvet
## NORVÈGE

Ce Parc national, à 135 kilomètres à l'est de Bergen, a été créé pour protéger un vaste plateau montagneux. Dans cette région de 450 kilomètres carrés, certains sommets atteignent jusqu'à 1 933 mètres. Le lac Flakavatnet se trouve à une altitude de 1 453 mètres, ce qui en fait le lac le plus élevé de Norvège. Le plateau herbeux recense plus de 300 espèces d'herbes, de fougères et de fleurs, d'origine arctico-alpine, dont la gentiane des Alpes, la véronique des Alpes et l'orchidée « hespérie blanche ». La faune est aussi d'une grande richesse : le parc abrite des renards polaires, des lièvres arctiques, des élans, de grands troupeaux d'animaux de montagne ainsi que des aigles royaux. Des cabanes gardées et des refuges historiques situés sur une ancienne route commerciale proposent des hébergements aux randonneurs.

*Le malin renard roux a beau tout tenter pour dérober sa proie à l'aigle royal, le grand rapace finit par prendre le dessus. Il défend sa carcasse et met en fuite son rival.*

**LOCALISATION** Laponie, dans la province de Norrbottens län, dans la commune de Jokkmokk

**SUPERFICIE** 1 970 km$^2$

**CRÉATION** 1909

Inscrit au patrimoine mondial de l'UNESCO depuis 1996

www.sverigesnationalparker.se/park/sarek-national-park/

# Parc national de Sarek
## SUÈDE

Le Parc national de Sarek est d'une beauté époustouflante et un concentré de nature sauvage, préservé du tourisme. Vu du ciel, on aperçoit le cours imperturbable des rivières qui traversent ce paysage intensément vert. Aucun chemin ne traverse le paysage du Parc national de Sarek. Il abrite de petits, mais aussi de plus grands lacs, d'un bleu turquoise comme seule la nature peut en offrir. La nature sauvage de Laponie dévoile sa beauté inaccessible, qui se caractérise par d'immenses forêts silencieuses et l'interminable taïga sibérienne. Avec d'autres parcs, le Parc national de Sarek fait également partie du Patrimoine mondial de l'UNESCO de la région de Laponie. Considéré comme le Parc national le plus authentique de Suède, il offre un mélange impressionnant de hauts plateaux, de vallées peuplées de forêts de bouleaux et de chaînes de montagnes. Cette région abrite près de 100 glaciers.

*L'une des dernières régions sauvages d'Europe est peuplée d'animaux qui défient la rudesse de la nature : parmi eux, le lagopède alpin, le pluvier doré, le lemming (ci-contre, de haut en bas) ainsi que le majestueux et imposant élan (ci-dessus).*

**LOCALISATION** Dans l'Atlantique Nord, entre les Îles britanniques, la Norvège et l'Islande

**SUPERFICIE** 1 399 km²

www.visitfaroeislands.com

# Îles Féroé
## DANEMARK - FÉROÉ



Les Îles Féroé sont situées dans l'Atlantique Nord, entre les îles Britanniques, la Norvège et l'Islande. L'archipel se compose de 18 îles qui, à l'exception de la plus petite, sont toutes habitées en permanence. Les Îles Féroé font partie du royaume du Danemark, mais sont autonomes. Leur formation remonte à environ 60 millions d'années. D'origine volcanique, la roche prédominante est le basalte. L'archipel forme un triangle effilé qui mesure 118 kilomètres de long de Viðoy au nord à Suðuroy au sud, et 75 kilomètres de large de Mykineshólmur à l'ouest à Fugloy à l'est. Aucune partie des Îles Féroé ne se trouve à plus de 5 kilomètres de la mer. Du haut de Slættaratindur, point culminant des îles Féroé, la vue sur tout l'archipel est époustouflante. La plus haute falaise du monde s'élève ici à la verticale de la mer, à 754 mètres.

*Les Îles Féroé bénéficient d'un climat relativement doux grâce au courant d'air chaud du Gulf Stream, et l'air y est généralement pur. Cependant, le temps peut changer rapidement.*

*Le macareux moine, avec son bec orange vif, profite de l'emplacement isolé des îles : aucun reptile ni grand mammifère ne le menace (ci-dessus).*

**LOCALISATION** Dans la province de l'Ostrobotnie du Nord, dans les communes de Käylä, Juuma et Hautajärvi

**SUPERFICIE** 290 $km^2$

**CRÉATION** 1956

www.nationalparks.fi/oulankanp

# Parc national d'Oulanka
## FINLANDE

Comme le dit le proverbe, c'est l'arbre qui cache la forêt. Dans le Parc national d'Oulanka, situé au sud de la Laponie finlandaise, c'est plutôt la forêt qui cache les arbres. Les deux tiers du territoire finlandais sont recouverts de forêts, et nulle part ailleurs cette abondance n'est plus impressionnante qu'à Oulanka, un monde désertique rude composé de vallées, canyons et tourbières où se côtoient lynx, loups, gloutons et ours. Un silence incroyable règne sur ce pays. Cette forêt semble avoir toujours été là, mais au tournant du XXe siècle, un terrible incendie a réduit toute la région en cendres. La forêt est donc relativement jeune et extrêmement résistante aux hivers rigoureux.

*Loin de toute civilisation, la nature s'exprime pleinement : le geai des chênes (ci-dessus) connaît 25 sons pour avertir ses congénères de la présence d'ennemis. Le tétras-lyre, la gélinotte des bois et le jaseur boréal en profitent également (à droite, de haut en bas).*

**LOCALISATION** Dans le Comté de Kerry, sud-ouest de l'Irlande
**SUPERFICIE** 102 km²
**CRÉATION** 1932



# Péninsule d'Iveragh
## IRLANDE

L'une des destinations les plus passionnantes du comté de Kerry est la péninsule d'Iveragh et son Parc national de Killarney. On y trouve les plus hautes montagnes de l'île et de nombreux monuments qui reflètent l'histoire préhistorique et ancienne de l'Irlande. La péninsule, desservie par la route panoramique de l'Anneau du Kerry (Ring of Kerry), attire également les cyclistes qui peuvent profiter plus intensément des beautés naturelles dont regorge le parc, sur des routes par ailleurs peu fréquentées. Plusieurs anciens châteaux circulaires sont construits sur la péninsule, tels que le Cahergal Stone Fort, construit à l'âge de fer, ou le Leacanabuaile Fort, dont les murs de plus de 2 mètres d'épaisseur datent probablement du IXᵉ ou du Xᵉ siècle. Le fort en pierre de Cloghanecarhan, également situé sur la péninsule, abrite une pierre décrite vers l'an 600 dans l'ancienne écriture irlandaise, Ogham.

*Sur la plage de Rossbeigh est échouée une épave de bateau enfoncée dans le sable, dont les planches dentelées, qui ressemblent à des côtes, font penser à un sombre squelette.*

**LOCALISATION** Côte nord du comté d'Antrim, à l'est de Bushmills, à environ 80 km de Belfast

**SUPERFICIE** 0,7 km$^2$

Inscrit au patrimoine mondial de l'UNESCO depuis 1986

# Chaussée des Géants
## ROYAUME-UNI

L'attraction principale de la Causeway Coast est la Chaussée des Géants, accessible par un train-musée au départ de Bushmills. Cette merveille de la nature doit son nom à l'une des nombreuses légendes qui entourent ce lieu. Le géant irlandais Finn, défié par un adversaire, aurait construit un chemin de pierre à travers la mer jusqu'en Écosse, où l'on trouve des orgues basaltiques similaires sur l'île de Staffa. Certains scientifiques expliquent de façon beaucoup plus rationnelle cette merveille de la nature, inscrite au patrimoine mondial de l'UNESCO en 1986. Selon eux, cette chaussée s'est formée il y a environ 60 millions d'années par la cristallisation du magma en basalte, lorsque la lave s'écoulant dans la mer suite à des éruptions souterraines s'est lentement refroidie. La Chaussée se compose de quelque 40 000 colonnes de basalte qui s'élèvent jusqu'à 6 mètres au-dessus du niveau de la mer et forment une langue de terre en saillie de 5 kilomètres de long.

*La Chaussée des Géants ressemble à un immense escalier construit par l'Homme. Parmi les colonnes de basalte, généralement de forme hexagonale, on trouve aussi des pierres à quatre, cinq, sept, voire huit angles.*

*Dans le cadre d'un reportage pour la chaîne de télévision CNN, John D. Sutter a fait le tour de l'île irlandaise dans le sens des aiguilles d'une montre. Sa description de la Chaussée des Géants laisse entrevoir la magie du lieu : « Un canyon rocheux d'un vert parfait débouche sur un ensemble de formations rocheuses volcaniques totalement surréalistes : des colonnes hexagonales presque parfaites se dressent ici, les unes à côté des autres, telles les pièces d'un puzzle. »*

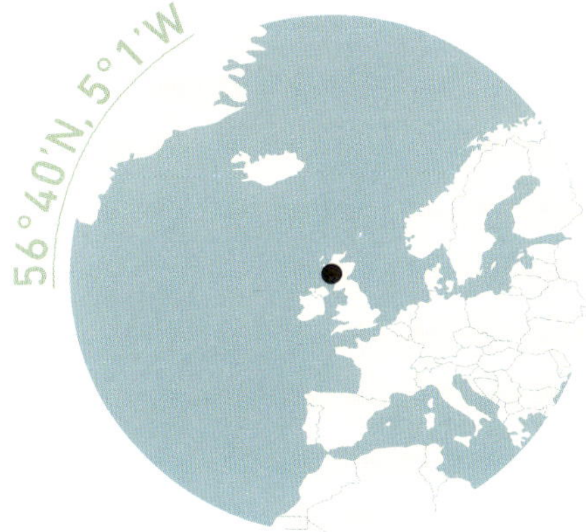


**LOCALISATION** Dans le *Highland Council Area*. Le point de départ des visites est souvent Fort William, situé à proximité

**LONGUEUR** 16 km

# Glen Coe
## ROYAUME-UNI



Lorsque se lève la brume, la vallée de Glen Coe s'enveloppe d'une aura mystique, qui nous ramène au tristement célèbre « massacre de Glencoe », lors duquel des dizaines d'hommes, de femmes et d'enfants ont été assassinés une nuit d'hiver de 1692. Aujourd'hui, la vallée est paisible et très appréciée des randonneurs qui montent au sommet du Ben Nevis, le point culminant des îles Britanniques à 1 344 mètres d'altitude. Ce paysage montagneux est magnifique : pentes abruptes et enneigées, vallées érodées par des glaciers, cascades, lacs, tourbières et végétation de type toundra. Cependant, malgré cette nature idyllique, l'Écosse subit des changements météorologiques rapides et inattendus.

*Une pyramide aussi parfaite qu'un tombeau royal pharaonique : tel un seigneur de pierre, le Buachaille Etive Mòr (ci-contre), de 1 022 m de haut, domine la vallée de Glen Coe. Cette dernière très appréciée des amateurs de sports d'hiver, des randonneurs et des alpinistes, est d'une beauté sauvage et romantique. C'est ici, par exemple, qu'a été tourné le film de James Bond* Skyfall *(2012).*

**LOCALISATION** Dark Peak fait partie des comtés du Grand Manchester et du Yorkshire, les régions White Peak sont couvertes par le Staffordshire, le Derbyshire et le Cheshire

**SUPERFICIE** 1 404 km²

**CRÉATION** 1951

www.peakdistrict.gov.uk

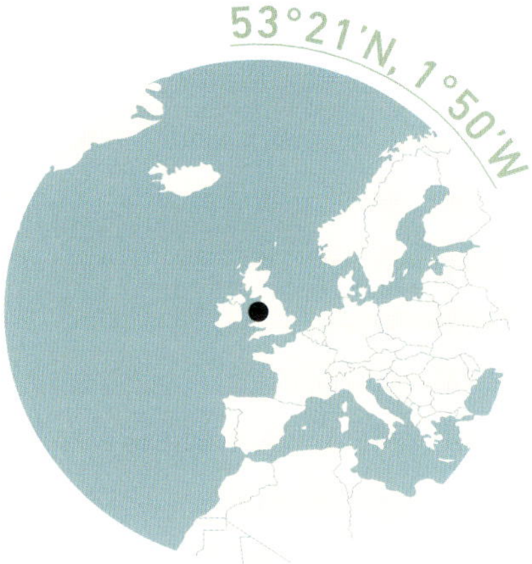

# Peak District
## ROYAUME-UNI

Encerclé par les villes industrielles de Manchester, Sheffield et Stoke-on-Trent, le Peak District est le plus ancien Parc national d'Angleterre. Mais les citadins ont dû obtenir cette escapade en pleine nature par la force : en 1932, ils obtinrent, par une migration massive et illégale, l'ouverture au public de la propriété privée appartenant en grande partie au duc de Devonshire. La randonnée est toujours le sport le plus populaire dans le Peak District, mais les cyclistes, cavaliers, grimpeurs et parapentistes y trouvent également un terrain de jeu idéal. Au nord, le Kinder Scout, situé dans la région du Dark Peak, culmine à 636 mètres d'altitude et se caractérise par de vastes étendues de landes et de tourbières, de sommets isolés et de formations rocheuses spectaculaires. Au sud, le « White Peak » est un paysage bucolique de collines verdoyantes, plateaux calcaires, vallées boisées avec de jolis petits villages.

*Castleton est un village du Derbyshire. Situé à l'extrémité de la vallée de Hope, dans le parc national du Peak District, il est entouré de montagnes sur trois côtés. Les ruines du château de Peveril surplombent le village.*

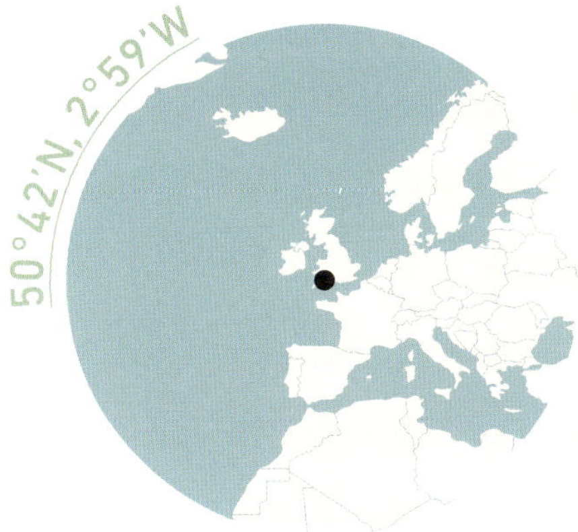


**LOCALISATION** Située dans les Comtés du Dorset et du Devon

**LONGUEUR** 150 km

Inscrit au Patrimoine mondial de l'UNESCO depuis 2001



# Jurassic Coast
## ROYAUME-UNI

La côte jurassique est une spectaculaire étendue de littoral située dans les comtés du Dorset et de l'est du Devon. C'est le seul endroit sur Terre regroupant des roches des périodes du Trias, du Jurassique et du Crétacé. Les rochers sont des témoins de l'évolution, de l'apparition et de l'extinction des espèces animales et végétales, notamment des dinosaures. C'est ainsi qu'une espèce de dinosaure a été découverte en 2000 fortuitement par une petite fille au début du XIXe siècle attirant l'attention des géologues. Elle a raconté avoir vu un dragon sur la côte, il s'agissait en réalité de la première empreinte complète d'ichtyosaure. Aujourd'hui encore, chaque randonnée est un véritable pèlerinage sur les traces de la préhistoire. L'érosion qui se forme, en particulier après de fortes tempêtes, dévoile constamment de nouveaux fossiles.

*La baie de Ladram, longue de 500 m, est bordée de hautes falaises aux formes parfois étranges (ci-contre).*

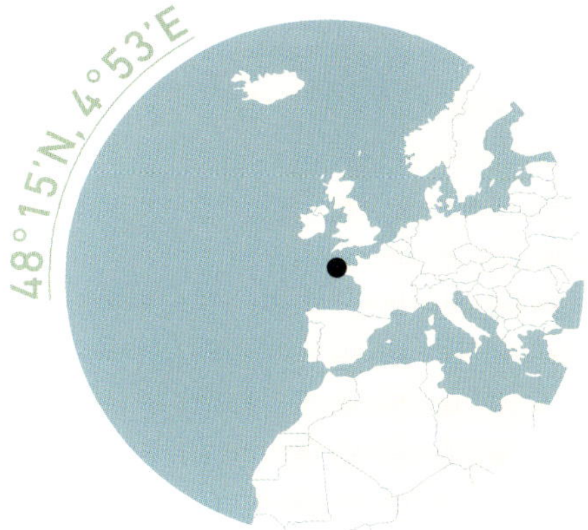


**LOCALISATION** Côtes occidentales du Finistère
**SUPERFICIE** 1 000 km²
Classée réserve de biosphère de l'UNESCO depuis 1988
www.pnr.armorique.fr



# Îles et mer d'Iroise
## FRANCE

La réserve de biosphère des îles et de la mer d'Iroise regroupe les îles d'Ouessant, Molène et Sein et la mer d'Iroise qui les entoure. Les linguistes se déchirent autour de l'origine du nom mer d'Iroise, mais la population locale croit fermement à la légende qui entoure son nom. « Iroise » vient de l'ancien mot français « ire », qui signifie colère. Il n'y a qu'à observer la mer d'Iroise en furie pour se rendre compte qu'elle porte bien son nom. Souvent, les vagues de l'Atlantique frappent l'extrémité ouest de la Bretagne avec une telle force qu'elles semblent vouloir couper les rochers en deux. Tandis que les visiteurs restés sur la terre ferme profitent d'un spectacle grandiose, les marins qui se fraient un passage dans ce tumulte méritent le plus grand respect. La côte est parsemée de petits phares pittoresques qui avertissent les bateaux des courants dangereux.

*La Pointe de Pern à Ouessant est l'endroit le plus à l'Ouest de la France métropolitaine. L'ensemble du site est protégé, de même que ses galets et ses rochers.*

**LOCALISATION** Région située au carrefour de la France, de l'Italie et de la Suisse, département français de la Haute-Savoie, région italienne de la Vallée d'Aoste et canton suisse du Valais
**SUPERFICIE** 645 km²



# Massif du Mont-Blanc
## FRANCE

Aucune autre montagne en Europe n'impose autant le respect et n'inspire autant la crainte que le mont Blanc, le plus haut sommet des Alpes. Cartographiée pour la première fois en 1606, elle a été baptisée du nom évocateur de « Mont Maudit ». On croyait que des esprits, des démons et d'autres créatures diaboliques habitaient au sommet. Personne n'osait l'escalader. Le naturaliste genevois Horace Bénédict de Saussure offrit, en 1760, une récompense à celui qui atteindrait le sommet en premier, mais il fallut attendre le 8 août 1786 pour que Jacques Balmat et Michel-Gabriel Paccard accomplissent cet exploit. L'année suivante, de Saussure a lui-même réalisé son rêve et conquis la montagne. La phrase qu'il a prononcée au sommet est entrée dans l'histoire du mont Blanc : « L'âme s'élève, les vues de l'esprit semblent s'agrandir au milieu de ce majestueux silence, on croit entendre la voix de la nature et devenir le confident de ses opérations les plus secrètes. »

*C'est au sommet de l'aiguille du Midi (3 842 m) que la vue sur le mont Blanc (4 809 m), le plus haut sommet des Alpes, est la plus belle.*

**LOCALISATION** Région Provence-Alpes-Côte d'Azur, département des Alpes-de-Haute-Provence et du Var

**SUPERFICIE** 1 930 km$^2$

**CRÉATION** 1997

www.parcduverdon.fr



# Parc naturel régional du Verdon
## FRANCE

La partie nord du plateau de Valensole, située au cœur du Parc naturel régional du Verdon et de ses gigantesques gorges, présente un paysage boisé et vallonné plutôt atypique, peu développé sur le plan agricole. En juin, le plateau de Valensole se transforme en une extraordinaire mer de fleurs parfumées. La lavande, cultivée ici dans d'immenses champs, s'épanouit dans toute sa splendeur, avant que ne commence sa récolte en août. Ses effluves aromatiques et sa couleur vive attirent non seulement de nombreux touristes, mais aussi les abeilles et les bourdons qui ne résistent pas non plus à la tentation de butiner ces si jolies fleurs. Elles en tirent une spécialité locale, le miel de lavande. Le musée vivant de l'abeille de Valensole rend hommage au travail colossal de ces insectes qui, outre les champs de lavande, pollinisent également les amandiers de la région.

*Le Verdon est le plus grand canyon d'Europe, il offre des paysages à couper le souffle. Il prend sa source à 2 819 m au col d'Allos puis rejoint la Durance à Vinon-sur-Verdon. Son parcours total est de 175 km. Mais le plus sensationnel est la hauteur des falaises qui varie entre 250 et 700 m, la largeur allant de 6 à 100 mètres et de 200 à 1 500 m au sommet des gorges (ci-contre).*

*Une mer de lavandin à fleurs violettes, un hybride naturel de lavande vraie et de lavande aspic, cultivé pour la fabrication d'huiles essentielles (ci-dessus).*

**LOCALISATION** Région Provence-Alpes-Côte d'Azur, département des Alpes-de-Haute-Provence, près de Marseille
**SUPERFICIE** 520 km$^2$
**CRÉATION** 2012
www.calanques-parcnational.fr

# Parc national des Calanques
## FRANCE



La ville portuaire de Marseille jouxte le Parc national des Calanques, qui regorge de plantes exotiques. L'eau turquoise de la Méditerranée tranche avec la couleur indigo des hautes falaises recouvertes d'une végétation luxuriante. En plus du cœur terrestre, qui s'étend sur près de 90 kilomètres carrés, le Parc national des Calanques a la particularité de posséder un cœur marin d'environ 430 kilomètres carrés. Les falaises calcaires abruptes, qui forment de petits fjords et plongent dans l'eau turquoise, abritent une flore et une faune d'une richesse incroyable. Outre des espèces de fleurs et d'herbes rares, le parc est l'habitat d'espèces animales protégées comme des coraux, des chauves-souris et même des dauphins. Le parc est le paradis des amateurs d'escalade et de randonnée, désireux de passer une journée en pleine nature et de profiter des panoramas incroyables de cette région et de la Méditerranée.

*Le Parc national, situé à proximité immédiate de la métropole marseillaise, est la preuve que la nature peut être protégée même à proximité des villes. Le massif des Calanques, semblable à des fjords avec sa côte calcaire, est l'une des plus grandes attractions touristiques du sud de la France. C'est un lieu idyllique pour profiter du calme et se ressourcer, en faisant par exemple une randonnée le long de la côte.*

**LOCALISATION** Situé dans le Schleswig-Holstein, le land le plus septentrional d'Allemagne

**SUPERFICIE** 4 400 km²

Inscrit au patrimoine mondial de l'UNESCO depuis 2009

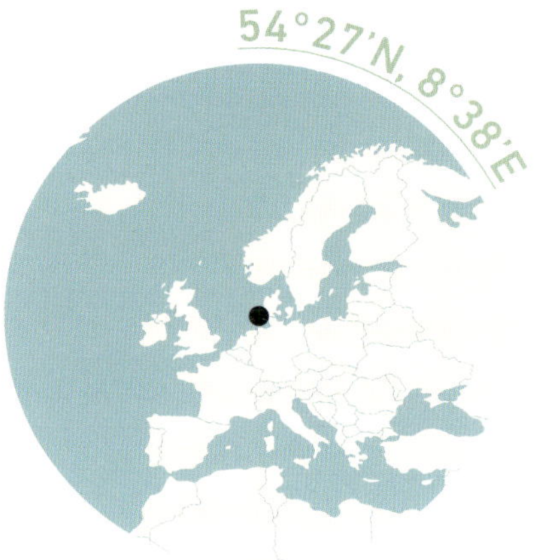

# Parc national de la mer des Wadden du Schleswig-Holstein ALLEMAGNE

La mer des Wadden dégage une grande sérénité, mais peut se déchaîner en l'espace d'un instant. Alors que notre regard porte sur l'étendue infinie, le vent se lève soudain et laisse place à un paysage tout autre. Le plus grand Parc national d'Allemagne mesure plus de 4 400 kilomètres carrés et s'étend de l'embouchure de l'Elbe à la frontière danoise. Au Moyen Âge, le parc était majoritairement composé de terres. Mais des marées de tempête ont inondé les plaines littorales, créant un archipel d'îles aux formes surprenantes (les îles de la Frise du Nord et les Halligen) ainsi que de nombreuses petites vasières. La mer des Wadden vit au rythme des marées, qui exposent deux fois par jour les fonds marins. Cet habitat peut paraître inhospitalier au premier abord, mais constitue un écosystème parmi les plus productifs, mais aussi des plus fragiles au monde.

*Le parc abrite de nombreuses vasières, mais également des zones terrestres presque entièrement couvertes de marais salants ainsi que des dunes de sable. Il accueille le plus grand nombre d'oiseaux d'Europe, et on peut y rencontrer des phoques communs et des phoques gris se prélassant sur les plages (ci-dessus).*

**LOCALISATION** : Dans le massif gréseux de l'Elbe, à la frontière avec la Tchèquie

**SUPERFICIE** 93,5 km²

**CRÉATION** 1990

# Parc national de la Suisse saxonne
## ALLEMAGNE

Peu de paysages ont autant inspiré les romantiques du XIXᵉ siècle que la Suisse saxonne : une vallée fluviale idyllique, bordée par les formations rocheuses aussi pittoresques qu'étranges du massif de l'Elbsandstein. Ce paysage a été façonné par l'érosion qui a affecté le calcaire tendre sur des millions d'années. Le Parc national comprend les plus belles régions de la rive nord de l'Elbe. La partie sud-ouest s'étend de Bad Schandau à Stadt Wehlen en passant par la Bastei, tandis que la partie est borde la frontière tchèque. Ces régions rocheuses craquelées n'ont pas été uniquement protégées pour leur beauté, mais aussi parce que la forte structuration du paysage a donné naissance à une multitude de petits habitats où se sont développées des plantes aux besoins spécifiques.

*Peu de paysages allemands ont attiré autant d'artistes que la Suisse saxonne. Des peintres comme Caspar David Friedrich y ont puisé leur inspiration.*

**LOCALISATION** À l'extrême sud-est de la Bavière, entre Ramsau bei Berchtesgaden et Schönau am Königssee

**SUPERFICIE** 210 km$^2$

**CRÉATION** 1978

www.nationalpark-berchtesgaden.bayern.de



# Parc national de Berchtesgaden
## ALLEMAGNE

Le Parc national de Berchtesgaden a été créé en 1978 dans l'objectif de créer un espace de retraite dédié à la nature. C'est l'unique Parc national de haute montagne en Allemagne. Le lac de Königssee, entouré des sommets montagneux de Hagen, Watzmann, Hochkalter et Reiter Alm, est niché au cœur du parc. Bien que ce dernier regroupe pas moins de 230 kilomètres de sentiers de randonnées, la région est plutôt isolée, à l'exception des hauts lieux touristiques sur le lac de Königssee. On peut ainsi y observer en toute quiétude des aigles majestueux, des cerfs, des chamois, des bouquetins et des marmottes. Le Parc national est un habitat apprécié de nombreux insectes, reptiles et amphibiens. Il abrite également une flore rare, comme le sabot de Vénus, l'edelweiss et la primevère naine. Le parc est le témoin de nombreux phénomènes géologiques incroyables, comme le lac Funten, la vallée de Wimbach ou le glacier Blaueis.

## Watzmann

Le majestueux chaînon du Watzmann est sans conteste le roi des Alpes de Berchtesgaden. De 2 713 mètres d'altitude, c'est le plus haut point de la région. La traversée des trois sommets principaux – Hocheck, Mittelspitze et Südspitze – est considérée comme l'une des randonnées les plus exigeantes de l'espace alpin bavarois : le dénivelé positif totale s'élève à 2 100 mètres et plusieurs passages requièrent de bonnes compétences en escalade. De nombreux alpinistes rêvent de partir à l'ascension de la face est, la plus haute paroi rocheuse continue des Alpes orientales haute de 1 800 mètres, mais ce rêve se transforme souvent en cauchemar. Le massif se caractérise également par une flore et une faune d'une richesse incroyable. S'y épanouissent des plantes alpines rares comme le cyclamen sauvage, que l'on ne trouve nulle part ailleurs que dans les Alpes bavaroises.

*Les deux attractions majeures du Parc national, le chaînon du Watzmann et le lac Königssee, sont situées juste à côté l'une de l'autre. Ce dernier est une pure merveille ! Il est possible de le traverser à pied depuis Schönau pour rejoindre St. Bartholomä, mais les occasions se font de plus en plus rares. La dernière fois, c'était en 2006 : il est resté gelé pendant 29 jours entiers.*

**LOCALISATION** À la frontière italo-suisse dans le canton du Valais et dans les régions italiennes du Piémont et du Val d'Aoste

**HAUTEUR** 4 478 m

# Mont Cervin
## SUISSE

Que n'a-t-on pas déjà écrit sur cette montagne ? Les superlatifs ne sont pas assez nombreux pour décrire le mont Cervin, dont la forme est incomparable et reconnaissable entre mille. C'est une véritable icône de publicité, son image a été utilisée un nombre de fois incalculable. Le mont Cervin n'a pas seulement orné des pots de yaourt suisses et des bouteilles de bière belges – on l'a également retrouvé sur des étiquettes de vin, un paquet de cigarettes jamaïcain et même une affiche de la tournée des Rolling Stones en 1976. Cette montagne mythique est pourtant bien plus qu'une simple pyramide rocheuse. La forme pyramidale iconique et les crêtes acérées du Cervin ont été sculptées par l'érosion glaciaire. Depuis les débuts de l'alpinisme européen au XIXe siècle, l'ascension de cette montagne représente le défi ultime de tout alpiniste chevronné. Le Britannique Edward Whymper est le premier à avoir accompli cet exploit en 1865.

*Le Cervin, qui culmine à 4 478 m, fait partie des géants des Alpes. Il est l'emblème de la Suisse. Quel que soit l'endroit d'où vous le photographiez, cette montagne se montre toujours sous son meilleur jour. Son reflet sur le lac Stelli est un spectacle naturel grandiose, surtout lorsque le soleil enveloppe de sa lumière éclatante le tiers supérieur de la pyramide (ci-contre).*

**LOCALISATION** Dans les Länder de Salzbourg, du Tyrol (Tyrol oriental) et de Carinthie ; vastes régions des deux côtés de la crête principale des Alpes, autour du Grossvenediger et du Grossglockner, jusqu'au fond des vallées

**SUPERFICIE** 1 856 km$^2$

**CRÉATION** 1981 (Carinthie)

www.hohetauern.at



# Parc national des Hohe Tauern
## AUTRICHE

Le dernier grand paysage naturel des Alpes orientales, situé entre la vallée de Wildgerlostal à l'ouest et le Lungauer Murwinkel à l'est, s'étend sur plus de 1 800 kilomètres carrés. Riche d'une faune et d'une flore uniques, il a été classé au rang de Parc national des Hohe Tauern en 1980. La zone centrale du parc abrite les plus hauts sommets d'Autriche : plus de 30 sommets de 3 000 mètres touchent le ciel – des géants de glace aux pics abrupts, qui s'échelonnent jusqu'à perte d'horizon. Et entre des parois rocheuses escarpées, des torrents glaciaires limpides dévalent vers la vallée. La « zone extérieure » a été façonnée par l'homme : une composition naturelle d'alpages fleuris, de prairies de montagne verdoyantes et de sombres forêts. Les villages situés dans les principales vallées constituent la zone culturelle. Leurs habitants misent depuis longtemps sur le tourisme durable. Le Parc national accorde également une place importante à la recherche.

*Le paysage montagneux autour du Grossglockner (en bas) offre de nombreux sentiers de randonnée et abrite les marmottes alpines (ci-dessus). La vue sur les glaciers depuis la Kaiser-Franz-Josefs-Höhe est spectaculaire (en haut).*

**LOCALISATION** Au sud-est de la Pologne, à proximité immédiate de la ville de Zakopane

**SUPERFICIE** 210 km$^2$

**CRÉATION** 1954

www.tpn.gov.pl

# Parc national des Tatras
## POLOGNE

27 espèces d'orchidées, dont le sabot-de-Vénus jaune, extrêmement rare, des dizaines d'animaux et de plantes que l'on ne trouve nulle part ailleurs dans le monde (l'éperon de chevalier des Carpates ou la spatule des Tatras), 650 grottes, des cascades pouvant atteindre 70 mètres de hauteur et le lac glaciaire de Morskie Oko, surnommé « Œil de la Mer », car il aurait une liaison souterraine avec l'océan. Les Hautes Tatras, qui s'étendent le long de la frontière slovaque-polonaise, abritent toutes ces merveilles. Le Rysy, qui culmine à 2 499 mètres, est le plus haut sommet de Pologne. Ce lieu regorge de merveilles et de légendes, gardées par des géants de pierre endormis qui pourraient se réveiller à tout moment pour défendre leur idylle bien protégée, y compris ses habitants, parmi lesquels des chamois, marmottes, ours bruns, lynx, loups et loutres.

*Dans les Hautes Tatras, les parois des montagnes sont dissimulées par une nappe de brouillard qui se dissipe au fil de la journée. Le Parc regorge de lacs de glacier et de cascades (à droite). Au lever du soleil, les grimpeurs peuvent défier les pentes abruptes (en haut) tandis que la crête plutôt plane du Giewont se parcourt facilement (en bas, à droite).*

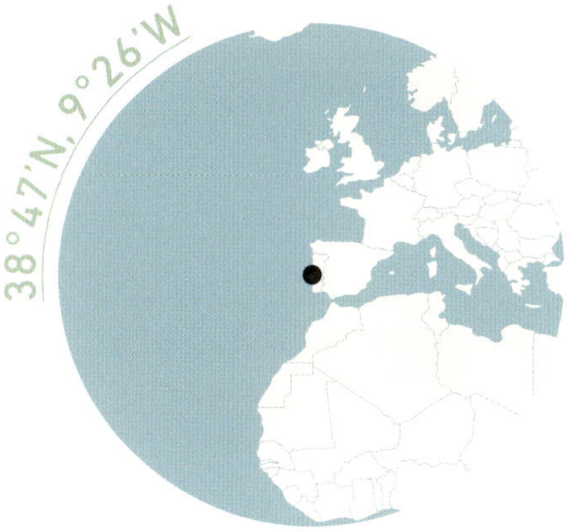


**LOCALISATION** Région de Lisbonne, partie de la ville de Lisbonne, districts de Sintra et de Cascais
**SUPERFICIE** 145,83 km$^2$
**CRÉATION** 1994
Inscrit au patrimoine mondial de l'UNESCO depuis 1995

# Parc naturel de Sintra-Cascais PORTUGAL



Le Parc national de Sintra-Cascais regorge d'une nature extrêmement complexe : des falaises tombant à pic dans la mer, des lacs isolés, des maisons et des villages en ruine, des dunes de sable à peine touchées et une architecture vieille de plusieurs siècles. Certains sites touristiques, comme ceux autour de Sintra, offrent une nature spectaculaire sur laquelle viennent parfois frapper les vagues de l'Atlantique. Le parc s'étend sur 145 kilomètres carrés, des collines de Sintra aux plages de Cascais. Il est depuis longtemps classé au patrimoine mondial de l'Unesco. Plus de 200 espèces de vertébrés, neuf de poissons d'eau douce, 170 espèces d'oiseaux, 20 de reptiles et 34 de mammifères ont été recensées dans cette région toute proche de Lisbonne. Le Parc national offre un panel infini de randonnées et de visites, bien plus en tout cas que ce qu'il est possible de faire en une seule escapade !

## Plage de l'Ours (Praia de Ursa)

Les plages autour de Sintra sont aussi variées que la côte qui les borde. Elles se succèdent sur le rivage maritime, nichées dans des falaises rocheuses face à l'océan Atlantique. Peu importe le temps, la Praia da Ursa a un charme particulier en toute saison – tantôt le matin, lorsque le soleil peine à atteindre les pointes des aiguilles rocheuses, tantôt en journée, sur les sentiers de randonnée qui surplombent la baie et ses eaux turquoise. Le spectacle est magnifique en début de soirée, au coucher du soleil, lorsque le ciel est inondé d'une palette de couleurs exceptionnelles. La baie et sa plage de sable en forme de croissant ne sont accessibles qu'à pied, il n'est donc pas rare d'y croiser des randonneurs.

*L'accès à la plage de l'Ours n'est pas facile, mais l'effort en vaut la peine. Cette magnifique plage est considérée comme l'une des plus belles de la région.*

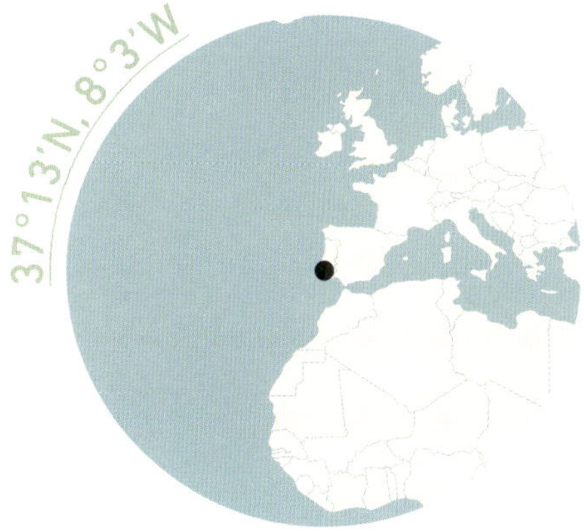


**LOCALISATION** S'étend du point le plus au sud-ouest sur l'Atlantique jusqu'au Guadiana à la frontière espagnole et comprend trois zones : Costa Vicentina, Barlavento et Sotavento

**SUPERFICIE** 4 989 km²

# Côte de l'Algarve
## PORTUGAL

L'Algarve est la plus méridionale des provinces historiques du Portugal et se trouve aujourd'hui dans le district de Faro. La diversité de ses paysages constitue un attrait particulier : des falaises de grès abruptes s'ouvrent à l'ouest sur des criques cachées ; sa partie centrale abrite de vastes plages de sable bordées de falaises caractéristiques de la côte ; enfin, vers l'est, terre et mer se confondent. De charmantes villes comme Tavira ou Lagos ont conservé une atmosphère pittoresque et détendue.

*Chacune de la centaine des plages de l'Algarve a ses propres caractéristiques, comme la plage da Dona Ana (ci-contre, en haut). La « pointe de la piété » (Ponta da Piedade) est le nom donné à ce paysage de falaises de grès (ci-contre, en bas).*

**LOCALISATION** S'étend sur 20 kilomètres de Santander à Cuchía sur la côte nord espagnole
**SUPERFICIE** 17,53 km²

# Costa Quebrada
## ESPAGNE

La côte « brisée » s'étend entre Santander et Cuchía. Elle a été baptisée ainsi car, au premier coup d'œil, ses falaises escarpées semblent avoir été formées à grand renfort de coups de marteau. Les rochers les plus connus sont sans doute les falaises d'Urros de Liencres, véritables gardiennes de la côte. La Costa Quebrada, qui s'étend sur 20 kilomètres, renferme en effet dans ses baies des œuvres d'art impressionnantes datant de l'érosion. Ce n'est pas sans raison que la côte est un parc géologique. Lors de l'une des randonnées guidées proposées dans le parc, vous découvrirez que le paysage de cette région était autrefois composé de récifs tropicaux et de grandes forêts. La randonnée nocturne des marées est particulièrement fascinante, car elle permet d'observer la faune marine au pied des falaises.

*La côte est d'une beauté à couper le souffle, et est aussi un lieu idéal d'où l'on peut contempler la géologie en action, également habitat de précieuses colonies d'oiseaux marins.*

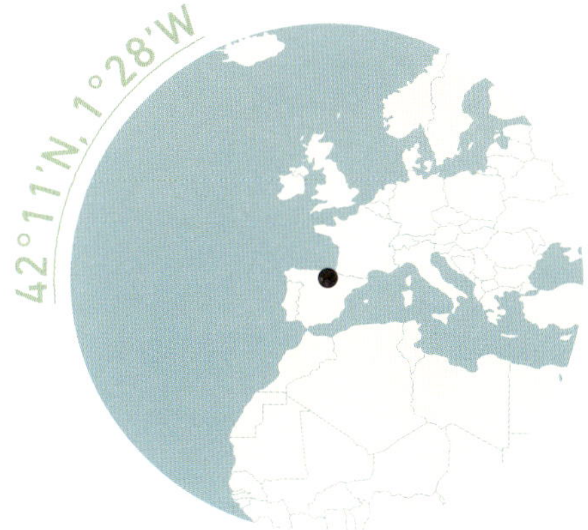


**LOCALISATION** Au sud de la province de Navarre, au nord de l'Espagne

**SUPERFICIE** 393 km$^2$

Classé réserve de biosphère de l'UNESCO depuis 2000



# Bardenas Reales
## ESPAGNE

Au XV$^e$ siècle, l'Espagne comptait plusieurs rois, pour certains légitimes comme les monarques de Castille, pour d'autres illégitimes comme le cruel Sanchicorrota, qui s'était proclamé roi des Bardenas et de la population locale. Avec sa bande de brigands, il vivait dans cette région hostile du sud de la Navarre, semant la terreur dans les monastères, les villages et les villes alentour. Acculé par l'armée du vrai roi, Jean II d'Aragon, dépêchée contre lui en 1452, ce dernier ne parvient pas à le capturer, le brigand préférant se suicider d'un coup de poignard plutôt que se rendre. Aujourd'hui, les Bardenas Reales sont l'un des paysages les plus grandioses d'Espagne : une mosaïque de topographies sans cesse changeantes, tantôt paysage lunaire de gorges et de cratères, tantôt terre désolée d'une somptueuse couleur ocre, puis steppe ou savane. En 2016, ce paysage spectaculaire a servi de décor au tournage de la série *Game of Thrones*.

*Le courant éolien Cierzo est responsable de l'érosion qui a créé ce paysage désertique à l'aspect irréel, avec d'uniques paysages escarpés, canyons et hauts plateaux. Les températures sont extrêmes et seules les créatures les plus résistantes sont capables de les affronter.*

**LOCALISATION** À l'ouest de l'embouchure du Guadalquivir

**SUPERFICIE** 542 km²

**CRÉATION** 1969

Inscrit au patrimoine mondial de l'UNESCO depuis 1994

# Parc national de Doñana
## ESPAGNE

La particularité du Parc national de Doñana, dans le sud de l'Espagne, réside dans la diversité de ses paysages. Outre les vastes marais composés de lagunes et de marécages, certaines zones sont également très arides, leurs caractéristiques se rapprochant de celles de la bruyère et de la savane. Elles abritent des dunes de sable pouvant atteindre 40 mètres de haut, qui se transforment en une végétation de buissons méditerranéens où poussent des espèces végétales rares, comme le thym blanc. On y trouve aussi des forêts de chênes lièges, de pins parasols et de pins. Les zones humides servent de lieu de nidification à de nombreuses espèces d'oiseaux, notamment à une importante population de flamants roses, ainsi que des hérons cendrés, des cigognes et des grues. Les oiseaux migrateurs réalisent une véritable prouesse, tant en matière d'orientation que de répartition des forces. Le parc est l'un des plus importants « quartiers d'hiver » d'Europe occidentale. De plus, le delta du Guadalquivir abrite l'un des sites de nidification les plus grands au monde.

Caractérisé par une faune et une flore d'une richesse incroyable, le Parc national de Doñana est inscrit au patrimoine mondial de l'UNESCO.

*Couleurs vives pour avertir ou motifs plus discrets pour se camoufler : le lynx pardelle (au centre), la spatule blanche, le guêpier d'Europe, la huppe fasciée, la perdrix pourpre, le vanneau huppé et la gorge bleue (dans le sens des aiguilles d'une montre en partant du haut à gauche) ainsi que le lézard ocellé (ci-dessus) ont des techniques de survie fondamentalement différentes.*

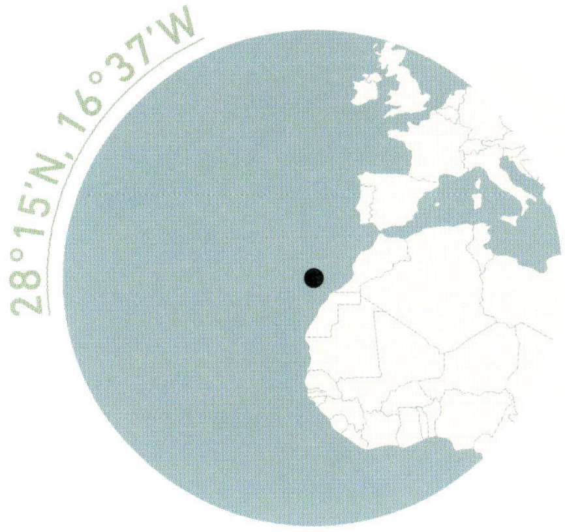


**LOCALISATION** Le Parc national se trouve au centre de l'île de Ténériffe

**SUPERFICIE** 190 km$^2$

**CRÉATION** 1954

Inscrit au patrimoine mondial de l'UNESCO depuis 2007

www.volcanoteide.com/fr



# Parc national du Teide
## ESPAGNE

Le paysage étrange de Ténériffe a été façonné par d'innombrables éruptions volcaniques sur plusieurs millions d'années. La caldeira de Las Cañadas est une grande structure effondrée d'environ 17 km de diamètre, formant ainsi un immense socle situé à plus de 2 000 mètres de hauteur. Le terrain rappelle par endroits un paysage lunaire aride, pourtant la flore y est très diversifiée. Y pousse notamment la vipérine commune, une plante vivace pouvant atteindre 3 mètres de haut. Le groupe de rochers de Los Roques, dont les aiguilles s'élèvent à environ 30 mètres de hauteur, fait partie des attractions de la région. De là, un sentier de randonnée mène à des formations de lave de différentes couleurs – du noir au bleu-vert en passant par le brun.

*L'ensemble du parc national du Teide est un trésor géologique où les phénomènes volcaniques génèrent des couleurs et des formes extrêmement variées et spectaculaires. Ce paysage a servi à plusieurs reprises de décor de film.*

**LOCALISATION** Au bord nord-est des Dolomites, à la frontière des provinces italiennes du Tyrol du Sud et de Belluno ; les localités connues sont Sesto et Dobbiaco dans le Val Pusteria

Inscrit au patrimoine mondial de l'UNESCO depuis 2009

www.hochpustertal.net

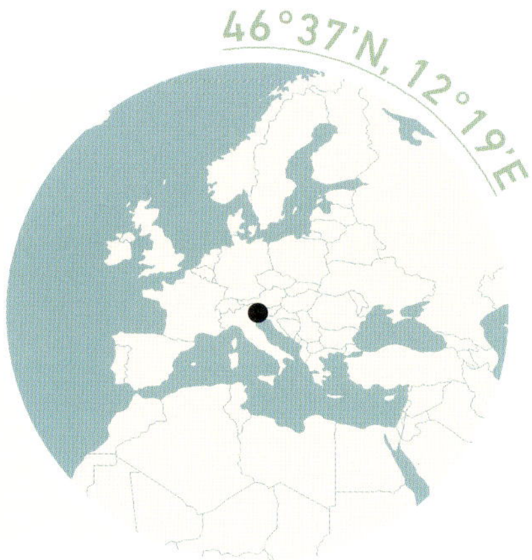


# Dolomites de Sesto
## ITALIE

Les Dolomites de Sesto forment le groupe montagneux le plus au nord-est des Dolomites. Situées à l'extrême est du Tyrol du Sud et au nord de la province de Belluno, elles sont délimitées au nord par le Val Pusteria, à l'est par la vallée de Sesto, au sud par le Val d'Ansiei et à l'ouest par la vallée de Höhlenstein. Dans la partie sud-tyrolienne du massif se trouve le Parc naturel des Trois Cimes, qui fait partie du patrimoine mondial des Dolomites de l'UNESCO depuis le 26 juin 2009. Les Dolomites de Sesto sont majoritairement constituées de roches dolomitiques qui se sont formées dans la mer primitive à partir de récifs coralliens. Ce paysage contrasté présente des pâturages alpins légèrement vallonnés, surplombés par des pics récifaux, certains d'entre eux atteignant plus de 3 000 mètres d'altitude. La plupart sont entourés d'énormes tas de décombres. Le Parc naturel abrite d'importantes populations de tétraonidés, dont le lagopède alpin, le Tétras lyre et le grand tétras.

*Le massif du Monte Cristallo, vu du lac de Landro.*

*Le col de Giau est considéré comme l'un des plus beaux et des plus attractifs du massif. Il est emprunté non seulement pour le Tour d'Italie mais aussi lors du marathon des Dolomites et chaque jour par de nombreux cyclistes et motards.*

**LOCALISATION** Au sud d'Aoste, non loin de la France, à la frontière entre la Vallée d'Aoste et le Piémont

**SUPERFICIE** 710 km$^2$

**CRÉATION** 1922

www.pngp.it/de

# Parc national du Grand Paradis
## ITALIE

EUROPE **ITALIE**

Le Parc national du Grand Paradis (Gran Paradiso, en italien) est le premier Parc national fondé en Italie et bénéficie à ce titre du niveau de protection le plus élevé. Il culmine entre 800 mètres au bas de la vallée et 4 061 mètres au sommet le plus élevé, le Grand Paradis. Les alpinistes qui souhaitent s'attaquer à un sommet de 4 000 mètres peuvent commencer par celui-ci, en général plutôt accessible. Son appellation n'a pas été choisie au hasard : une fois en haut, on se croirait au paradis. La randonnée vers le col de Nivolet, à 2 500 mètres, abritant de nombreux lacs est également très belle. Les randonneurs les plus chanceux pourront même apercevoir un bouquetin des Alpes, symbole du parc. En 1821, la maison royale italienne décide de le protéger et décrète une interdiction de chasse, qui s'applique également à la famille royale elle-même à partir de 1913. Ces dernières années, le loup et le gypaète barbu sont revenus. La nature sauvage a repris ses droits.

*En randonnant, il est facile de croiser des animaux : bouquetins mais aussi marmottes, chamois, lièvres, belettes, hermines ou renards. Ce dernier (ci-dessus) peut vivre jusqu'à 2 500 m d'altitude. Il se nourrit entre autres de jeunes bouquetins.*

**LOCALISATION** Dans la région d'Italie centrale, dans les régions de l'Ombrie et des Marches ; l'Office du tourisme se trouve à Montefortino

**SUPERFICIE** 697,2 km$^2$

**CRÉATION** 1993

www.sibillini.net

# Parc national des monts Sibyllins ITALIE

La nature aussi déroule parfois son tapis rouge. Dans le Parc national des monts Sibyllins, en Ombrie, le randonneur qui le foule a l'impression d'être une star de cinéma invitée au festival de Cannes. Les prairies environnantes sont parsemées de pavots. C'est une image si délicate qu'elle semble tirée d'un dessin d'enfant. Pourtant, les monts Sibyllins sont bien moins inoffensifs qu'ils n'y paraissent. La légende raconte que les monts sont peuplés de démons qui pratiquent la magie noire, comme s'ils cherchaient à se moquer du rouge éclatant des pavots. Mais la plus dangereuse est la prophétesse Sibylle qui, au fin fond de la montagne, se livre à tous les péchés terrestres. Il lui arrive toutefois de quitter sa grotte pour attirer, avec ses chants sibyllins, les randonneurs égarés vers leur perte.

*Le pavot, fleur de la déesse de la fertilité Déméter dans la mythologie antique, mais aussi symbole de l'éphémère en raison de sa rapide flétrissure, apporte de magnifiques touches de couleur.*

**LOCALISATION** Au nord-ouest de l'Italie, sur la côte de la région de Ligurie ; il existe plusieurs offices de tourisme, par exemple à Riomaggiore

**SUPERFICIE** 38,6 km$^2$

**CRÉATION** 1999

Inscrit au patrimoine mondial de l'UNESCO depuis 1997

parconazionale5terre.it



# Parc national des Cinque Terre
## ITALIE

Le parc fait partie du paysage culturel des Cinque Terre, lui-même inscrit au patrimoine mondial de l'UNESCO. Les « Cinq Terres » – traduction littérale – s'étendent sur une portion de 12 kilomètres et abritent cinq villages : Monterosso al Mare, Vernazza, Corniglia, Manarola, Riomaggiore. À peine 5 000 habitants vivent dans ces villages aux maisons colorées, nichées directement au bord de l'eau ou sur des promontoires rocheux. La vue est spectaculaire ! Les cinq villages sont encadrés par des falaises, parfois hautes de plusieurs centaines de mètres, qui tombent de manière pittoresque dans la mer turquoise. La vigne et les oliviers sont cultivés en terrasses pour adoucir un relief rebelle. Les anciens sentiers muletiers qui traversent le parc national sont les itinéraires de randonnée les plus populaires d'Italie. Du fait de sa beauté fabuleuse, la région est devenue une attraction touristique majeure et attire près de 2,5 millions de visiteurs par an ; depuis 2002, l'accès aux sentiers de randonnée est payant.

*La plus belle côte d'Italie est protégée : les voitures ont été bannies, les bus fonctionnent au gaz, la pêche côtière et la chasse sous-marine ont été limitées lors de la création du Parc national. C'est au large de la côte que commence le sanctuaire baleinier de la Méditerranée, entre la Ligurie, la Toscane, la Sardaigne, les côtes de Monaco et la Côte d'Azur. Cet espace a été créé pour la protection d'espèces marines telles que les dauphins rayés.*

**LOCALISATION** Alpes calcaires méridionales, régions slovènes de Haute-Carniole et de Carniole, région italienne du Frioul-Vénétie Julienne

**SUPERFICIE** 1 957,23 km²

Classé réserve de biosphère de l'UNESCO depuis 2003

# Alpes juliennes
## SLOVÉNIE



Les Alpes juliennes ont été baptisées ainsi d'après l'empereur romain Caius Julius Caesar pour leur magnificence commune. Longtemps après, les Alpes juliennes intégrèrent le réseau mondial des réserves de biosphère de l'UNESCO. Le plus haut sommet des Alpes juliennes, le Triglav, qui culmine à 2 864 mètres, est protégé par un Parc national depuis 1981 (sous sa forme actuelle). Comme le concept de biosphère repose sur l'harmonisation de l'Homme et de la nature tout en préservant la biodiversité, l'agriculture est également pratiquée dans les Alpes juliennes : l'agriculture, la production laitière et forestière, la pêche, la gestion des eaux et la production de fromage sont autant de sources de revenus. Le tourisme prend toutefois de plus en plus d'importance.

*Les eaux cristallines de la Save se détachent de l'imposante toile de fond des Alpes juliennes. Le plus grand fleuve de Slovénie prend sa source au pied du Triglav.*

**LOCALISATION** Région karstique de Croatie centrale, non loin de la frontière avec la Bosnie-Herzégovine

**SUPERFICIE** 269,85 km$^2$

**CRÉATION** 1949

Inscrit au patrimoine mondial de l'UNESCO depuis 1979

www.np-plitvicka-jezera.hr

# Parc national des lacs de Plitvice
## CROATIE

Cette chaîne de lacs en terrasse, qui s'étend sur environ 8 kilomètres, doit sa formation à des dépôts calcaires et à des effondrements de terrain. Les eaux, qui s'écoulent à travers les roches dolomitiques et calcaires, ont déposé au cours des millénaires des barrières de travertin, formant des barrages naturels. Les reflets bleus et verts des 16 grands lacs sont dus aux algues et aux mousses qui se trouvent au fond. Les chutes d'eau les plus impressionnantes, mesurant jusqu'à 76 mètres, se situent dans la zone des quatre lacs inférieurs. La Korana se forme après l'affluent de la Plitvica. Déclarée Parc national en 1949, la région située au pied du massif montagneux de Mala Kapela abrite une flore et une faune d'une richesse incroyable. Les forêts denses sont l'habitat privilégié d'environ 120 espèces d'oiseaux ainsi que des cerfs, des loups et des ours bruns. La région est également devenue célèbre à partir des années 1960 suite à l'adaptation cinématographique de nombreux romans de Karl May, comme *Le trésor du lac d'argent* ou *Winnetou*.

*De fragiles barrières de travertin séparent de somptueuses cascades. Tels des escaliers d'eau en pierre, elles se déversent les unes dans les autres en flots infinis.*

*Les seize chutes d'eau du Parc national sont créées par les différences de hauteur entre les divers lacs. Les eaux de la rivière Plitvice se précipitent dans Veliki Slap, qui signifie la « grande cascade ».*

**LOCALISATION** Au nord du Monténégro, entouré par le massif montagneux du Durmitor

**SUPERFICIE** 390 km$^2$

**CRÉATION** 1952

Inscrit au patrimoine mondial de l'UNESCO depuis 1980

www.nparkovi.me/sajt/np-durmitor

# Parc national de Durmitor
## MONTÉNÉGRO

L'histoire des Balkans est marquée par de multiples guerres harassantes, où aucun vainqueur n'a jamais été proclamé. Les montagnes du Durmitor, au nord du Monténégro, et le Parc national de Durmitor, cet enchevêtrement sauvage de pics, de gorges et de plateaux, ont en effet servi de refuge aux guerriers qui ont pu poursuivre le combat pendant des années. Ici, le paysage est si imposant qu'il avale tout simplement les Hommes comme des fourmis et impose une certaine forme d'humilité face à la nature ! Le canyon de la Tara, long de 80 kilomètres et haut de 1 300 mètres, est la deuxième gorge la plus profonde au monde après le Grand Canyon. 48 sommets dépassent les 2 000 mètres, le plus haut étant le Bobotov Kuk.

*Des montagnes rocheuses, des éboulis et de l'eau qui se fraie librement un chemin à travers la nature : le parc national de Durmitor est un diamant brut.*

*Des loups sauvages et des ours bruns (en haut) vivent encore à l'état sauvage dans le Parc national et représentent un danger pour les animaux de pâturage, comme les moutons et les chevaux.*

**LOCALISATION** Au cœur de la Roumanie, dans les monts Bucegi, un contrefort des Carpates méridionales

**SUPERFICIE** 326,63 km$^2$

**CRÉATION** 1974

# Parc naturel Bucegi
## ROUMANIE



Situé dans les Carpates, un rocher en forme de tête humaine rappelle, sous certains angles, la tête du Sphinx de Gizeh dont on pourrait croire qu'il a été grignoté par le vent et les intempéries. Ce rocher a aussi été baptisé Sphinx, mais contrairement à son homonyme égyptien, il est d'origine naturelle et présente un trou profond qui ressemble à s'y méprendre à un œil. Ce monolithe, tout comme les pierres Babele en forme de champignon, est emblématique du Parc national roumain. Les touristes aiment y faire de la randonnée ou du ski et s'arrêter dans les refuges des environs. Avec ses 34 grottes et cascades, cette réserve naturelle bien aménagée offre de nombreuses distractions pour petits et grands. Les grottes les plus populaires sont la grotte Lalomitei et la grotte Ratei, ainsi que d'autres formations rocheuses étranges.

*La Transylvanie a inspiré de nombreuses légendes et histoires d'horreur. Mais la nature en révèle d'autres, comme celle des étranges formations rocheuses et des douces vallées de montagne, comme ici dans le Parc naturel de Bucegi.*

*Le Sphinx de Bucegi (ci-dessus) n'est pas sculpté avec autant de détails que son homologue égyptien, mais est tout aussi sublime, d'autant plus que c'est l'œuvre de Dame Nature.*

**LOCALISATION** Sud-ouest du pays, oblast de Blagoevgrad, dans le massif du Pirin

**SUPERFICIE** 403,32 km$^2$

**CRÉATION** 1963

Inscrit au patrimoine mondial de l'UNESCO depuis 1983

# Parc national du Pirin
## BULGARIE

La Bulgarie peine à attirer des touristes, qui se rendent presque exclusivement sur le littoral de la mer Noire et visitent parfois ses monastères byzantins. En revanche, l'idée que la Bulgarie est un jardin d'Éden ne s'est guère répandue. Dès 1983, l'UNESCO a classé au patrimoine mondial le Parc national du Pirin, dans le sud-ouest du pays, en raison de sa « beauté extraordinaire », de son paysage de haute montagne avec 70 lacs glaciaires et d'innombrables cascades, des sommets prononcés et des alpages en altitude idylliques, qui feraient presque oublier les plages de la mer Noire. Mais la foule de touristes ne s'est pas pour autant empressée de visiter ce magnifique parc. Les amoureux de la montagne ont ainsi la chance de profiter d'un sublime refuge encore secret, qui est l'une des plus belles régions sauvages d'Europe.

*Perun, le Dieu suprême de la mythologie slave, a donné son nom au Parc national de Pirin, dans le sud-ouest de la Bulgarie. La faune et la flore s'y révèlent dans toute leur splendeur : d'anciens pins noirs poussent dans les forêts, des chamois rôdent (ci-dessus) et des faucons et des aigles tournoient dans les airs.*

**LOCALISATION** À l'est du Pindos, en Thessalie

**SUPERFICIE** 272 km$^2$

Inscrit au patrimoine mondial de l'UNESCO depuis 1988

EUROPE **GRÈCE**

# Météores
## GRÈCE

Au nord de la ville de Kalambaka se trouve la vallée des Météores, qui offre une vue à couper le souffle. Dans la vallée se dresse une multitude de cônes rocheux isolés sur lesquels 24 monastères ont été construits au fil du temps. Seuls quelques-uns sont encore habités aujourd'hui. Le monastère de Megalo-Meteoro est le plus haut. Il a été fondé vers 1382 par saint Athanasios, évêque d'Alexandrie. Sur l'un des autres rochers s'élèvent les murs du monastère Agios Nikolaos Anapavsas, fondé vers 1388. Le monastère de Varlaam a vu le jour en 1517, nommé d'après l'ermite qui avait construit une église au même endroit au XIVe siècle. On y accède par un pont et, entre 1961 et 1963, il a été transformé en musée pour y exposer les précieux trésors du monastère. Depuis peu, des religieuses habitent de nouveau le monastère de Roussanou.

*Constructions audacieuses, ces monastères sont perchés au sommet d'impressionnants rochers. Étymologiquement, leur nom signifie « suspendus dans les airs ». Cette appellation leur sied parfaitement !*

*Presque inaccessibles, les cônes de grès des Météores, hauts de plusieurs centaines de mètres, sont d'une grande beauté.*

**LOCALISATION** Sur l'île ionienne de Zakynthos, baie de Laganas
**SUPERFICIE** 135 km²
**CRÉATION** 1999
www.nmp-zak.org

# Parc national marin de Zakynthos
## GRÈCE

EUROPE GRÈCE

Après Corfou et Céphalonie, Zakynthos – ou Zante en français – constitue la troisième plus grande des îles Ioniennes, la plus au sud. Ses plages de sable d'un blanc éclatant, encadrées par d'imposantes falaises qui se jettent dans les eaux azur de la mer Ionienne, attirent des touristes du monde entier. Propices à une baignade au soleil, elles sont également un lieu privilégié de préservation des nids de la rare tortue imbriquée. En Méditerranée, la plage de sable de Kalamaki, longue de 5 kilomètres, compte parmi les principaux sites de reproduction de ces animaux protégés. À la suite d'une importante campagne de persuasion, une initiative de protection de l'environnement a créé le Parc national marin en 1999. Depuis, des structures métalliques spéciales ont été installées pour sécuriser les nids de tortues enfouis dans le sable, certaines sections de plage sont fermées et les sports motorisés sont en partie interdits.

*La tortue femelle ne vient sur la plage que pour pondre ses œufs. Ne les couvant pas, elle retourne ensuite immédiatement dans l'eau.*

# AFRIQUE

**LOCALISATION** Haut Atlas, autour du Toubkal, au centre du Maroc

**SUPERFICIE** 380 km$^2$

**CRÉATION** 1942

AFRIQUE MAROC

# Haut Atlas
## MAROC

Le « toit du Maroc » s'élève jusqu'à 4 000 mètres d'altitude depuis la côte atlantique en direction de la frontière algérienne. Parfois ses crêtes tombent à pic vers la mer ou vers de vastes plaines, parfois les sommets du Haut Atlas se transforment en douces chaînes de collines. En altitude, certains sommets sont enneigés jusqu'à la fin du printemps, permettant même la pratique du ski. Le Haut Atlas constitue également un important réservoir d'eau pour le Maroc, qui alimente de nombreux lacs et rivières. C'est aussi ici que se trouve le Parc national de Toubkal : le point central du plus ancien Parc national sur le sol marocain est le Djebel Toubkal, qui culmine à 4 167 mètres, ce qui en fait le plus haut sommet du Maroc et d'Afrique du Nord. La réserve naturelle a été créée en 1942 afin de préserver la végétation et la faune particulières du Haut Atlas. Les chênes verts et les pins d'Alep sont caractéristiques de la flore du parc. Les forêts sont l'habitat privilégié des macaques et des écureuils de Barbarie, des porcs-épics et des hyènes rayées ; en altitude, il n'est pas rare d'observer des gazelles de Cuvier et des singes cynocéphales, qui sont des grimpeurs habiles et élégants. Dans plusieurs bourgades, comme Oukaïmeden ou Tinmal, ce sont surtout des Berbères qui se sont installés. Autrefois semi-nomades, ils parcouraient les montagnes avec leurs troupeaux de chèvres. Aujourd'hui, beaucoup d'entre eux travaillent comme guides de montagne – le Parc national est un lieu de randonnée très apprécié.

*Le Parc national du Toubkal abrite des itinéraires de randonnée à couper le souffle où il est possible de rencontrer des agames à queue d'épine, geckos casqués, vipères à cornes, singes magot (ci-contre, de gauche à droite).*

*La chaîne de montagnes du Haut Atlas forme une série de vagues entre Ait Ben Ali et Bou Tharar et se termine en douceur sur un plateau. Bien que la chaîne s'étende de l'Atlantique, à l'ouest du Maroc, jusqu'à presque l'Algérie, peu de cols sont praticables.*

**LOCALISATION** Ben Gardane, dans le sud-est de la Tunisie

**SUPERFICIE** 63 km$^2$

**CRÉATION** 1991



# Parc national de Sidi Toui
## TUNISIE

La zone protégée du Parc national de Sidi Toui se trouve à seulement 20 kilomètres de la frontière libyenne. Le parc, entièrement entouré par les sables du Sahara, se caractérise par des steppes et des dunes. La flore et la faune y sont rares, car le parc fait face à de fortes variations de température, de 5 °C environ à plus de 40 °C. Le seul point d'eau de la zone protégée est surtout fréquenté par des oiseaux migrateurs, mais aussi par quelques espèces sédentaires, telles que l'outarde canepetière, la perdrix de roches et la gerbille. Le parc est l'habitat privilégié d'un grand nombre de mammifères protégés, comme des oryx gazelles, chacals dorés et fennecs, ainsi que des espèces de reptiles, comme des dragons à queue épineuse, caméléons et vipères, varans du désert et geckos des murailles.

*Le Parc national de Sidi Toui abrite une faune diversifiée : gecko, lézard des murailles, taïpan du désert ou courvite isabelle (en bas, de gauche à droite). Mais aussi le fennec, le plus petit chien sauvage, aussi appelé renard du désert. Il doit sa particularité à ses oreilles, remarquablement grandes, contribuant à la régulation de sa température corporelle. L'antilope sabre s'observe surtout en captivité : elle fait partie des espèces d'antilopes les plus fréquemment détenues dans les zoos.*

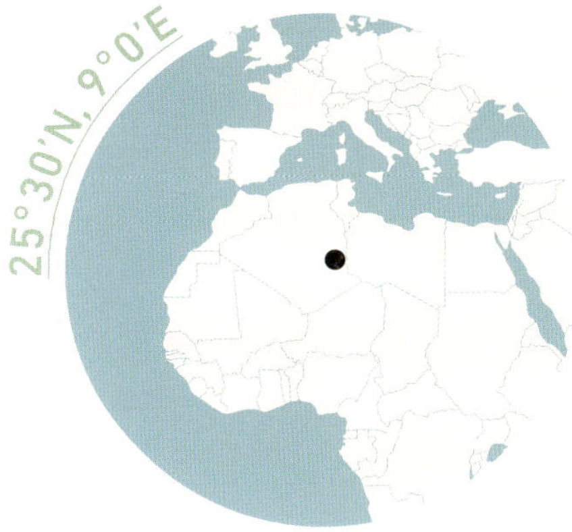


**LOCALISATION** Djanet, Illizi, dans le sud-est de l'Algérie
**SUPERFICIE** 80 000 km$^2$
**CRÉATION** 1972
Réserve de biosphère de l'UNESCO depuis 1986
Inscrit au patrimoine mondial de l'UNESCO depuis 1982



# Parc culturel du Tassili
## ALGÉRIE

Les peuples qui vivaient il y a des millénaires sur le plateau du Tassili, dans le sud-est de l'Algérie, ont laissé d'innombrables traces de leur passage : des céramiques, mais surtout des peintures murales et rupestres représentant la vie quotidienne ainsi que des dessins d'animaux. Il y a environ 10 000 ans, il était encore possible de chasser des animaux sauvages, de cueillir des fruits et de collecter suffisamment d'eau pour cultiver les champs. Peu à peu, la sécheresse s'est abattue sur le désert, obligeant les habitants à s'éloigner. D'autres espèces ont toutefois réussi à résister à ce changement : ainsi, la région abrite non seulement 28 espèces de plantes typiques du pays, mais aussi des mammifères comme la gazelle dorcas ou le cynocéphale. C'est pour cette raison que Tassili n'Ajjer est à la fois patrimoine culturel et patrimoine naturel. Les grottes où sont peintes les peintures rupestres sont entourées d'un grand Parc national.

*L'immense plateau rocheux du Tassili n'Ajjer évoque un paysage lunaire avec ses formations de grès grossières, ses lits de rivières asséchés et ses gorges profondes.*

**LOCALISATION** Ubari, Wadi al-Haya, dans le sud-ouest de la Libye
**SUPERFICIE** 58 000 km²

# Le lac Oum El Ma dans l'Erg d'Ubari
## LIBYE

Au milieu de l'immense mer de sable de l'Erg d'Ubari, au sud-ouest de la Libye, une chaîne de lacs rappelle que la région n'était probablement pas désertique il y a environ 100 000 ans, mais plutôt fertile et bénie par l'humidité. Les vestiges d'une époque où l'eau coulait en abondance offrent aujourd'hui une image magique – le lac Oum El Ma apparaît comme un mirage au milieu des dunes rouge et or. La « mère de l'eau » mesure plusieurs centaines de mètres de long, environ 50 mètres de large et jusqu'à près de 10 mètres de profondeur. Le fait qu'il ne s'ensable pas est un phénomène mystérieux, car le sable des dunes qui l'entoure s'écoule en permanence dans l'eau qui présente une forte teneur en sel. Autour d'Oum El Ma et des autres lacs de Mandara, les roselières et les palmiers sont l'habitat privilégié de plusieurs animaux.

*Ceux qui pensent que les déserts sont monotones ne connaissent pas le grandiose erg d'Ubari, au sud-ouest de la Libye. Cette mer de sable abrite quelques espèces animales, mais aussi des lacs.*

*Lorsque l'Oum El Ma bleu foncé et ses palmiers verts émergent de ce que l'on croyait être un désert, on n'en croit pas ses yeux (en haut à droite). Le lieu est un véritable jardin d'Eden ! Sur ses rives vivent entre autres l'alouette du désert et différentes espèces d'agames (images ci-dessus).*

**LOCALISATION** À la pointe sud de la péninsule égyptienne du Sinaï

**SUPERFICIE** 480 km$^2$

**CRÉATION** 1983

# Le Parc national Ras Mohammed ÉGYPTE

Environ 480 kilomètres carrés de terre et de mer sont protégés par le Parc national de Ras Mohammed, situé à la pointe sud de la péninsule du Sinaï, cette charnière d'environ 60 000 kilomètres carrés entre l'Asie et l'Afrique. Le parc comprend également la bande côtière de Sharm el-Sheikh : il y a une génération, ce n'était encore qu'un village de pêcheurs insignifiant. Aujourd'hui, cette localité située non loin de la pointe sud du Sinaï est devenue un lieu très prisé des vacanciers en quête de baignade et de plongée. La beauté du monde sous-marin est enivrante : une sortie en snorkeling près du rivage permet de découvrir les merveilles qui s'y cachent. Sur la terre ferme, le Parc national se montre en revanche clairsemé et aride, seules quelques plantes ont une chance de survivre dans les dunes de sable et d'éboulis : la mangrove, qui se développe le long des côtes protégées des zones tropicales et subtropicales. Des centaines d'espèces d'oiseaux peuplent le parc.

*Les plongeurs et les snorkelers ont les yeux qui brillent à l'évocation de la mer Rouge, et tous ceux qui ont déjà nagé parmi les poissons multicolores ne peuvent que les comprendre.*

*Malgré toutes ces couleurs attirantes, la prudence est de mise. En effet, les rencontres avec des animaux venimeux comme le poisson-lion nain et le poisson-lion rouge peuvent être douloureuses.*

**LOCALISATION** Dans la région d'Amhara
**SUPERFICIE** 412 km²
**CRÉATION** 1966
Inscrit au patrimoine mondial de l'UNESCO depuis 1978
www.simienmountains.org

# Parc national du Simien
## ÉTHIOPIE

Né du volcanisme il y a 40 millions d'années et façonné par l'érosion, le massif du Simien est aujourd'hui l'un des paysages les plus impressionnants au monde. Le Parc national regorge de sommets d'environ 4 500 mètres, de gorges basaltiques aux rivières tumultueuses, de rochers et falaises déchiquetés et de gouffres pouvant atteindre 1 500 mètres. Le Ras Dashan, le plus haut sommet d'Éthiopie, culmine à 4 620 mètres et a été gravi pour la première fois par des Européens en 1841. Le Parc national, qui porte le nom du massif montagneux, offre un refuge à certaines espèces animales extrêmement rares, dont le babouin gelada, le renard rouge du Simien et le bouquetin d'Abyssinie. Lorsque le nombre de renards et de bouquetins est passé en dessous du seuil critique, en 1996, le Parc a été inscrit sur la liste du patrimoine mondial en péril de l'UNESCO.

*Spectaculaire est presque un euphémisme pour décrire la nature du Parc national du Simien. Le Ras Dashan, se dresse ici dans un ciel d'une beauté spectaculaire (en haut).*

*Cette réserve naturelle abrite le loup (en bas, au centre) et le bouquetin d'Ethiopie, ainsi que le babouin à poitrine sanglante aussi appelée gélada (en bas à droite). Un bouquetin d'Ethiopie (ci-contre en bas) surplombe le paysage calme et isolé duquel s'est développée une flore variée.*

**LOCALISATION** Au sud-est du Sénégal, à la frontière des régions administratives du Sénégal Oriental et de la Casamance, sur le fleuve Gambie

**SUPERFICIE** 9 130 km²

Inscrit au patrimoine mondial de l'UNESCO depuis 1981



# Parc national du Niokolo-Koba
## SÉNÉGAL

Une grande partie du Parc national, qui s'étend sur près de 10 000 kilomètres carrés, se situe dans la zone de transition entre la savane sèche et la zone humide de la forêt guinéenne. Il est limité au sud par le cours supérieur de la Gambie et le territoire national de la Guinée, et se confond au nord avec la savane sèche du Sénégal Oriental. Les trois grands cours d'eau du système gambien, outre le Gambie lui-même, le Kouloutou à l'ouest et le Niokolo Koba au nord-est, drainent la région en d'interminables méandres à faible pente. Le long des cours d'eau, la savane arborée se densifie en une flore luxuriante de forêts galeries, abritant près de 200 espèces d'arbres et d'arbustes. Environ 80 espèces de mammifères, dont des éléphants, des girafes, des chimpanzés et des mangoustes, y habitent. L'impressionnant royaume animal du parc compte l'une des plus grandes populations de lions d'Afrique et quelque 330 espèces d'oiseaux, 35 de reptiles, 20 d'amphibiens et 60 de poissons.

*En raison des multiples pressions qu'il subit, comme le braconnage ou la construction de barrages, le parc a été inscrit sur la liste du patrimoine mondial en péril de l'UNESCO en 2007. Cette zone protégée fragilisée d'une grande richesse faunique est le dernier refuge régional des animaux de la savane : chimpanzés, léopards et boucs, mais aussi primates, antilopes, oiseaux et gazelles, dont l'habitat s'étendait autrefois jusqu'à la côte.*

**LOCALISATION** Au sud de l'Afrique de l'Ouest, plus précisément au nord du Bénin, au sud-est du Burkina Faso et au sud-ouest du Niger

**SUPERFICIE** 31 000 km²

**CRÉATION** 1954

Inscrit au patrimoine mondial de l'UNESCO depuis 2017

# W-Arly-Pendjari
## NIGER - BURKINA FASO - BÉNIN

W-Arly-Pendjari est un site naturel transfrontalier unique composé de plusieurs zones protégées qui s'étendent sur les États du Bénin, du Burkina Faso et du Niger. Ses différentes zones de végétation, qui comprennent aussi bien des prairies et des broussailles que des savanes boisées et des forêts-galeries, abritent une faune d'une grande richesse. Certains de ces animaux sont très menacés ailleurs en Afrique de l'Ouest ou ont disparu depuis longtemps. Ainsi, on y trouve non seulement la plus grande population d'éléphants de la région, mais aussi environ 90 % de tous les lions d'Afrique de l'Ouest encore vivants. D'autres grands mammifères tels que les guépards, les léopards, les hippopotames et les lamantins à queue ronde peuplent le complexe du Parc national de W-Arly-Pendjari.

*Le Parc national d'Arly, en particulier, abrite plusieurs espèces de singes, dont des chimpanzés, des singes patas et des babouins. Tout comme cet éléphant menacé d'Afrique de l'Ouest (à droite), ils se plaisent dans la savane boisée.*

*Le fleuve Niger est l'une des principales sources de vie. Il traverse toute la région du complexe W-Arly-Pendjari (ci-dessus).*

**LOCALISATION** Au nord-est du Tchad, dans les régions Ennedi-Ouest et Ennedi-Est

**SUPERFICIE** 40 000 km²

Inscrit au patrimoine mondial de l'UNESCO depuis 2016



# Massif de l'Ennedi
## TCHAD

L'appellation de monde perdu sied parfaitement à l'Ennedi-Tibesti, ce « pays de la faim », comme l'appellent avec respect les nomades. Le plateau de grès de l'Ennedi est si éloigné du reste de la terre que les animaux les plus étranges y vivent – les crocodiles, par exemple, sont devenus nains en raison de leur isolement millénaire. Seule une poignée de ces reptiles a survécu. Vestiges de l'évolution, ils errent au point d'eau. En effet, lorsque le grand désert était encore une terre fertile traversée de rivières et de marais, des lézards à carapace rampaient partout. Les derniers lions du Sahara vivent également à Ennedi. Ils seront bientôt aussi éteints que le tigre à dents de sabre qui, il y a 12 000 ans, déchirait ici ses proies de ses longues canines.

*Aucun point d'eau du Sahara n'est aussi connu que la guelta d'Archei, au nord-est du Tchad. En effet, les habitants du désert, mais également les crocodiles, viennent s'y désaltérer. Cependant, la guelta d'Archei est difficile d'accès. En venant de la capitale N'Djamena, il faut compter au moins quatre jours de voyage.*

**LOCALISATION** Au nord-est du Nigeria, dans la zone du Sahel, entre les États de Yobe et de Borno

**SUPERFICIE** 2 258 km$^2$

**CRÉATION** 1991

# Parc national du bassin du Tchad

## NIGERIA

Le Parc national du bassin du Tchad s'étend des zones arides aux zones semi-arides et humides, c'est-à-dire des régions très sèches aux régions très humides. D'une superficie de 2 258 mètres carrés, il réunit les zones de Chingurmi-Duguma et Bulatura ainsi que la zone humide de Bade-Nguru. La plus grande surface des trois, qui s'étend sur 1 228 kilomètres carrés, est occupée par Chingurmi-Duguma, un complexe forestier où pousse à foison de l'herbe à éléphant. La zone est adjacente au Parc national de Waza au Cameroun. L'aire de Bulatura a des allures désertiques avec ses charmantes dunes de sable et ses vallées marécageuses semblables à des oasis, uniques dans le paysage du Nigeria. La zone humide de Bade-Nguru autour du lac Nguru fait partie de la zone protégée de Ramsar Hadejia-Nguru-Bade. La réserve d'oiseaux d'eau de Dagona est au cœur du Parc national.

*Le travailleur à bec rouge se reproduit en grandes colonies pouvant abriter des millions de nids. Dans la chaleur de midi, ils affluent en grand nombre sur d'immenses aires de repos (en haut). Les oiseaux migrateurs de l'hémisphère nord font une halte dans les savanes humides du bassin du Tchad pour se reposer dans leur périple vers l'Afrique tropicale.*

*Il est également possible d'observer la pintade de Numidie (ci-dessus) ; les grues demoiselle seules (ci-contre, en bas) ou en colonie (en bas à gauche), ou la grue couronnée (ci-contre, en haut).*

**LOCALISATION** À l'extrême sud-ouest du Cameroun, dans la région sud ; la région est principalement constituée de forêts tropicales humides et est bordée par l'océan Atlantique

**SUPERFICIE** 2 640 km²

**CRÉATION** 1932

# Parc national de Campo-Ma'an
## CAMEROUN

Le Parc national est magnifiquement verdoyant : il abrite une forêt côtière et une forêt subalpine jusqu'à 800 mètres d'altitude. Plus de 1 500 espèces de plantes y ont été recensées et les ornithologues ont identifié plus de 300 espèces d'oiseaux. La zone protégée est également riche en mammifères et en reptiles. Des crocodiles et des tortues de mer ont été observés dans le fleuve Ntem, et les éléphants de forêt d'Afrique menacés y ont élu domicile, tout comme les chimpanzés, les gorilles des plaines de l'Ouest et les léopards. Le mandrill est un primate au visage tacheté de rouge et de bleu. Si le parc est peu développé sur le plan touristique, quelques guides proposent néanmoins des randonnées guidées ou des tours en bateau. Le Parc national abrite entre autres des Pygmées Bagyeli et des membres de l'ethnie bantoue. Ces derniers n'ont plus le droit de chasser ou de cueillir ici depuis que la forêt tropicale est protégée.

*Une rivière traverse la forêt tropicale du Parc national (ci-contre), lieu d'habitat privilégié des singes mandrills, menacés de disparition (ci-dessus).*

**LOCALISATION** Au nord, à la frontière avec le Soudan, où il forme un espace protégé transfrontalier avec le Parc national de Radom

**SUPERFICIE** 1 700 km$^2$

**CRÉATION** 1960

# Parc national André-Félix
## RÉPUBLIQUE CENTRAFRICAINE

Cette zone protégée, à la frontière avec le Soudan, se caractérise par des massifs montagneux et une savane arborée. Créé en 1960, peu avant l'indépendance de la République centrafricaine, il fut le premier Parc national du pays. Le massif des Bongo est irrigué par de nombreuses rivières comme la Lol, qui fait déjà partie du bassin versant du Nil. La plus haute montagne culmine à 1 130 mètres. Le Parc national est entouré d'une grande zone tampon, la réserve naturelle de Yata-Ngaya, qui est presque quatre fois plus grande que le Parc national lui-même. La réserve de faune abrite des animaux typiques de la savane, comme des girafes, des buffles, de nombreuses espèces d'antilopes et des éléphants. Le lion et le léopard partent à la chasse aux herbivores et les rivières abritent des hippopotames et des crocodiles. Plusieurs centaines d'espèces d'oiseaux y ont en outre élu domicile.

*Parmi les mammifères présents dans le parc national, on trouve le lion, le phacochère et la girafe.*

*Une large population de grands koudous vit à la frontière du parc (grande photo, un mâle).*

**LOCALISATION** À l'est de la République démocratique du Congo, entre 600 et 1 300 mètres d'altitude

**SUPERFICIE** 10 830 km$^2$

**CRÉATION** 1970

# Parc national de la Maiko
## RÉPUBLIQUE DÉMOCRATIQUE DU CONGO

Cette forêt tropicale est l'une des zones les plus pluvieuses de la République démocratique du Congo. Comme le Parc national peut culminer jusqu'à 1 300 mètres, il fait partie de ce que l'on appelle les forêts afromontagnardes, une forme particulière de forêt de nuages. En raison de sa quasi-inaccessibilité, il abrite aujourd'hui encore de nombreuses espèces animales protégées et endémiques. Les plus connues sont certainement les rares gorilles des plaines de l'Est. Mais les okapis et les éléphants de forêt y trouvent également un habitat encore largement préservé. La genette aquatique, également une espèce endémique, est l'une des représentantes les plus rares de la famille des viverridés. Son extrême difficulté d'accès fait du parc un lieu très apprécié des animaux sauvages, qui a aussi longtemps servi de refuge aux rebelles Simba. Des programmes de relocalisation et d'indemnisation sont mis en place pour permettre aux rebelles de trouver un foyer dans d'autres régions.

*Cachés entre les branches de la forêt tropicale, il est possible d'apercevoir des perroquets youyou (ci-dessus), des okapis, des gorilles des plaines de l'Est, et des mangabey à crête (en bas, de gauche à droite).*

**LOCALISATION** Au sud-ouest du pays, région de l'Ouest, frontière avec le Congo

**SUPERFICIE** 996 km$^2$

**CRÉATION** 1994

Inscrit au patrimoine mondial de l'UNESCO depuis 1994

# Parc national des monts Rwenzori
## OUGANDA

Les forêts de montagne et les zones marécageuses des monts Rwenzori offrent un habitat et un abri à de nombreuses espèces animales menacées, telles que les éléphants, les léopards et autres pachydermes. Le point culminant de la chaîne de montagnes est le sommet Margherita du mont Stanley, qui culmine à 5 109 mètres. Les forêts de montagne de haute altitude présentent une flore de taille inhabituelle. Les lobélies, qui mesurent normalement 30 centimètres de haut, atteignent ici une hauteur de 7 mètres. Quelques endroits protégés abritent des fougères de plus de 10 mètres de haut tandis que certaines espèces de bruyère peuvent atteindre la taille d'un arbre. Ce gigantisme est dû au sol riche en minéraux, aux températures constantes, à la forte humidité de l'air et au fait que la couverture nuageuse, généralement épaisse, réduit les rayonnements ultraviolets.

*Le mont Ruwenzori est souvent caché derrière les nuages, c'est pourquoi sa découverte a été tardive. Certains groupes d'expédition ont simplement marché à côté sans même le voir. Mystérieux et étrange, ce paysage fascinant, d'un vert luxuriant, nous transporte dans un monde à part.*

**LOCALISATION** Au centre du pays, à environ 16,5 km au sud de l'équateur, à environ 150 km au nord-est de Nairobi

**SUPERFICIE** 715 km$^2$

**CRÉATION** 1949, élargi en 2013

Inscrit au patrimoine mondial de l'UNESCO depuis 1978

# Parc national du mont Kenya

## KENYA



À son retour d'expédition au plus profond de l'Afrique de l'Est, en 1849, le missionnaire piétiste Johann Ludwig Krapf raconte une découverte grandiose : à proximité immédiate de l'équateur se dresse une montagne si haute que son sommet est toujours enneigé et glacé. Bien que Krapf jure par tous les Dieux qu'il dit la vérité et que personne ne l'accuse du contraire, mentir étant un péché blasphématoire, on n'accorde aucun crédit au pauvre homme. De la neige à l'équateur ! Des glaciers sous les tropiques ! Quelle idée bizarre ! « Tu as dû être victime d'une illusion », rétorque-t-on à Krapf, qui n'a plus jamais eu l'occasion de savourer le triomphe du droit. En effet, ce n'est que deux ans après sa mort, en 1883, qu'une expédition britannique confirme son récit.

*Le mont Kenya culmine à 5 199 m et est entièrement recouvert de glaciers. Le deuxième point culminant d'Afrique après le Kilimandjaro aurait dû s'appeler Mount Krapf, du nom de son découvreur.*

*Cinq zones de végétation s'étendent de la plaine jusqu'au sommet du mont Kenya et abritent une faune et une flore uniques.*

1°29'S, 35°8'E

**LOCALISATION** À l'ouest du pays, comté de Narok, partie du Serengeti

**SUPERFICIE** 1 510 km$^2$

**CRÉATION** 1944

www.maasaimara.com

# Réserve nationale du Masai Mara
## KENYA

C'est vu du ciel, à bord d'un avion ou d'une montgolfière, que le Parc national du Masai Mara est le plus sublime. Il faut partir tôt, à la lueur de l'aube, lorsque la savane herbeuse du sud du Kenya offre une vue incroyable. La montgolfière s'éloigne silencieusement de la terre et, dans la nacelle du ballon, tous les passagers se taisent également. Le spectacle qui s'offre à eux appelle au recueillement : une nature sauvage qui s'étend à perte d'horizon, où coule l'étroite rivière Mara, traversée par des centaines de milliers d'animaux sauvages – éléphants, léopards, hyènes et chiens sauvages, gnous, gazelles et antilopes. En contrebas, les corps imposants des hippopotames, s'apparentant à de grosses pierres, reposent dans l'eau tandis que des crocodiles restent patiemment à l'affût – à moins qu'il ne s'agisse de troncs d'arbre ? Plus loin, une meute de lions paresse autour de hordes de vautours et de marabouts, surnommés les éboueurs de la savane.

*Il n'y a guère de spectacle plus grandiose dans le règne animal que la migration annuelle des gnous en Afrique de l'Est. Pendant la saison des pluies, ils paissent dans les pâturages du Serengeti en Tanzanie. Au début de l'été, les terres se dessèchent et les gnous se dirigent au nord, vers le Maasai Mara au Kenya, en traversant la rivière Mara. Rejoindre l'autre rive est souvent délicat, car les crocodiles sont à l'affût et s'attaquent aux animaux jeunes, malades et faibles.*

**LOCALISATION** Entre Arusha au sud-ouest et la frontière avec le Kenya se trouve le Parc national qui comprend plusieurs sommets du massif du Kilimandjaro

**SUPERFICIE** 1 688 $km^2$

**CRÉATION** 1973

Inscrit au patrimoine mondial de l'UNESCO depuis 1987



# Parc national du Kilimandjaro TANZANIE

Le Kilimandjaro, qui culmine à 5 895 mètres, fait partie de l'immense Parc national du même nom. Comme la plupart des autres montagnes d'Afrique de l'Est, il est d'origine volcanique. S'élevant à 4 000 mètres au-dessus de la plaine, il semble plus majestueux et indomptable que certains sommets plus élevés des Alpes ou de l'Himalaya. Situé à seulement 3 degrés au sud de l'équateur, le Kilimandjaro présente une végétation caractéristique, qui correspond en grande partie à la séquence horizontale allant de l'équateur aux calottes polaires. La savane débouche sur une forêt tropicale dense qui se transforme en forêt de nuage clairsemée. À partir de 3 000 mètres d'altitude, le paysage devient rocailleux, propice à la croissance de délicates lobélies. Les anciennes coulées de lave sont clairement visibles à environ 4 500 mètres, au Royaume des glaces éternelles.

*Différent suivant l'angle depuis lequel on l'admire, le Kilimandjaro en impose toujours autant. Une photo prise de face (ci-dessus) montre bien la plaine plate qui forme le sommet. L'ascension, bien qu'éprouvante, est relativement facile.*

**LOCALISATION** Au sud, limitrophe du Parc national du Serengeti, du cratère Ngorongoro, au nord des lacs Eyasi et Manyara

**SUPERFICIE** 8 094,4 km$^2$

**CRÉATION** 1959

Inscrit au patrimoine mondial de l'UNESCO depuis 1979

# Zone de conservation de Ngorongoro
## TANZANIE

C'est au fond du gigantesque cratère du même nom que s'étend cette zone protégée au nord de la Tanzanie. Des milliers d'animaux sauvages, dont des gazelles, des antilopes, des cobes à croissant, des zèbres, des éléphants, des hippopotames, des rhinocéros, des hyènes, des lions et des léopards, s'ébattent dans un décor imposant. Depuis environ 3,6 millions d'années, la région autour du cratère du Ngorongoro, qui se caractérise par des steppes et des savanes, a été peuplée par des hommes ou des hominidés. Des découvertes archéologiques suggèrent que le « berceau de l'humanité » se trouvait en Afrique de l'Est. Dans les gorges d'Olduvai, situées non loin du cratère, les archéologues ont découvert, outre des outils en pierre et en fer, des squelettes appartenant aux genres Homo sapiens, Paranthropus boisei, Homo habilis et Homo erectus. Dans la plaine de Laetoli, des empreintes de pas fossilisées datant de 3,6 millions d'années ont été découvertes en 1978.

*La plaine du cratère du Ngorongoro est d'une richesse faunique incroyable. Y cohabitent des gnous et des zèbres (grande photo au centre), des impalas et des hyènes tachetées, des hippopotames et des crocodiles du Nil ainsi que des éléphants (photos ci-contre, de gauche à droite).*

*Une vue d'ensemble sur le cratère depuis le bord de sa paroi permet de se rendre compte de son immensité. Peu d'animaux étant capables de franchir les contreforts abrupts du cratère pour en sortir, l'endroit abrite la plus grande densité de prédateurs d'Afrique (ci-dessus).*

**LOCALISATION** Rejoint la frontière kenyane au nord et s'étend sur les régions de Mara, Shinyanga et Arusha à l'est du lac Victoria

**SUPERFICIE** 14763 km²

**CRÉATION** 1951

Inscrit au patrimoine mondial de l'UNESCO depuis 1981

# Parc national du Serengeti
## TANZANIE

Le Serengeti est une immense savane située à l'est du lac Victoria, qui s'étend du nord-ouest de la Tanzanie jusqu'au Kenya, sur près de 15 000 kilomètres carrés. Désigné parc national en 1951 et protégé depuis 1921, il est chaque année le théâtre de l'une des plus grandes migrations d'animaux d'Afrique. D'immenses troupeaux de plus de 2 millions de zèbres de Grant, de gnous à barbe blanche et de gazelles de Thomson traversent les paysages de steppes et de savanes à la recherche d'eau et de nourriture. Ils sont suivis de près par leurs ennemis naturels : lions, léopards, guépards et hyènes. On y observe aussi des girafes, des buffles, des antilopes et des élands, des hippopotames, des rhinocéros, des singes patas, des loups, des crocodiles, des autruches ainsi que des éléphants. Au fil des millénaires, une faune diversifiée s'est formée. Mais la situation a changé lorsque les Européens ont fait irruption dans ce paradis de la faune à la fin du XIXe siècle. La chasse au gros gibier a décimé de façon irrémédiable une partie de la faune.

*Au parc du Serengeti, les animaux ne vivent pas en solitaire, mais préfèrent se déplacer en troupeaux, comme les zèbres ou les éléphants. Le coucher de soleil derrière les herbes de la steppe et les acacias faux-gommier est une véritable carte postale (ci-dessus).*

*Des migrateurs assidus : les gnous, en particulier, sont les principaux acteurs de la Grande Migration. Ils traversent le Serengeti jusqu'au Kenya et suivent la pluie pendant environ six mois.*

**LOCALISATION** Côte sud-ouest de l'Afrique, de l'Angola, de la Namibie au Cap-Occidental de l'Afrique du Sud

**SUPERFICIE** 95 000 km$^2$

Inscrit au patrimoine mondial de l'UNESCO depuis 2013

# Désert du Namib
## AFRIQUE DU SUD - ANGOLA - NAMIBIE

Le désert du Namib est inscrit au patrimoine mondial de l'UNESCO depuis 2013. C'est le seul désert côtier au monde dont les dunes puisent leur humidité dans les bancs de brouillard de l'Atlantique à l'intérieur des terres. Depuis le Great Escarpment africain à l'est, les rivières pénètrent en profondeur dans les cordons de dunes. Les bonnes années de pluie, l'eau arrive jusqu'à la dépression et forme un lac. L'eau qui s'évapore laisse place à un désert de sel et d'argile : le désert de Sossusvlei et les dunes adjacentes comptent parmi les attractions paysagères les plus connues et les plus fascinantes de Namibie. Les montagnes de sable, qui peuvent atteindre 380 mètres d'altitude, recouvrent des dunes fossiles plus anciennes, formées il y a plus de deux millions d'années. La coloration rougeâtre du sable crée un jeu de couleurs époustouflant.

*La nature crée d'une main de maître les plus grandes œuvres d'art, qui ne durent néanmoins jamais longtemps. En effet, les interactions entre le vent, le soleil et le désert changent constamment le paysage : les traces laissées dans le sable s'effacent rapidement.*

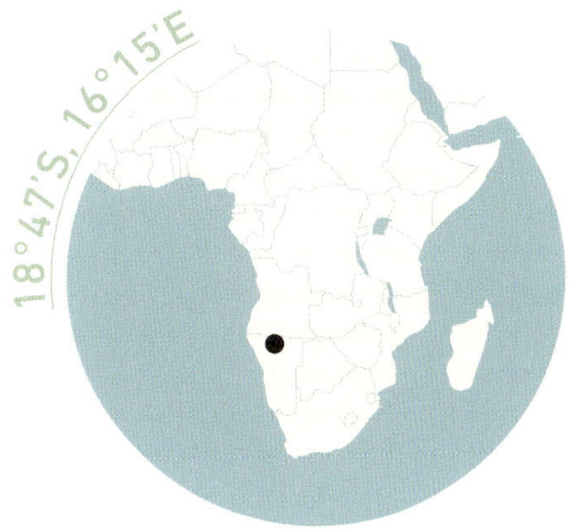


**LOCALISATION** Nord du pays, partie du Parc national d'Etosha et de la vallée du Kalahari

**SUPERFICIE** 4 760 km²



# Parc national d'Etosha
## NAMIBIE

Plus de 2 500 éléphants vivent dans la vallée d'Etosha. Ils se déplacent soit en troupeaux de mères accompagnées parfois de 50 éléphanteaux ou en groupes de mâles jusqu'à huit. Il convient de les aborder avec prudence et de ne jamais se mettre en travers de leur route. Les éléphants fréquentent les points d'eau artificiels surtout la nuit, mais pendant la saison chaude, ils cherchent aussi à se rafraîchir en journée en petits groupes. Pour cela, les éléphants prennent des bains de boue et s'aspergent d'eau. Comme ils n'ont pas de prédateurs naturels, ils occupent souvent les abreuvoirs pendant des heures, tandis que d'autres animaux doivent attendre leur tour. Pour avoir de bonnes chances d'observer les éléphants se baigner, le mieux est de se rendre aux points d'eau Olifants, Aus et Kalkheuvel.

## Pan d'Etosha

Le pan d'Etosha, qui fait partie du Kalahari, encadre les hauts plateaux namibiens au nord-est, formant un croissant de lune. Les premiers chasseurs arrivés à Etosha depuis l'Afrique du Sud, au milieu du XIXe siècle, ont été surpris par l'abondance de gibier dans cette dépression aride recouverte d'une croûte de sel blanche et brillante. Les marchands Ovambo s'y approvisionnaient en sel avant de le commercialiser. Les Bushmen San, des chasseurs-cueilleurs devenus sédentaires, vivaient autrefois dans la région.

*Selon la légende, Etosha aurait été le théâtre d'une cruelle bataille, à l'issue de laquelle seules les femmes ont survécu. Les larmes versées suite à la perte de leurs enfants ont rempli un lac, et lorsque celui-ci s'est asséché, il s'est transformé en marais salant – aujourd'hui une bénédiction pour les animaux.*

**LOCALISATION** Sud de la Zambie, à la frontière avec le Zimbabwe
**SUPERFICIE** 66 km$^2$
**CRÉATION** 1989
Inscrit au patrimoine mondial de l'UNESCO depuis 1989



# Parc national de Mosi-oa-Tunya ZAMBIE

La brume des gigantesques chutes Victoria, qui s'élève jusqu'à 300 mètres, est visible à 20 kilomètres à la ronde. Les chutes sont situées sur le fleuve Zambèze, à la frontière entre la Zambie et le Zimbabwe, qui se jette avec une puissance colossale sur 110 mètres de hauteur. En mars et en avril, au moment des crues, les chutes se transforment en un rideau d'eau de près de 2 kilomètres de large, dont le débit peut atteindre 10 000 mètres cubes d'eau par seconde. Le reste de l'année, lorsque le débit du Zambèze diminue, les différentes chutes se démarquent à nouveau. Les Rainbow Falls sont les plus hautes d'entre elles.

*Les embruns des eaux tumultueuses se dispersent élégamment dans un paysage tropical surprenant.*

15°18'S, 35°42'E

**LOCALISATION** Au sud du pays, près de la frontière orientale avec le Mozambique

**SUPERFICIE** 2 400 km$^2$

Classé réserve de biosphère de l'UNESCO depuis 2006

# Zone humide du lac Chilwa
## MALAWI

Les forêts sèches et les forêts de feuillus qui entourent le lac Chilwa sont parmi les plus anciennes du Malawi. Le lac lui-même est composé de marais et de plaines inondables. Leur ampleur dépend des variations saisonnières ; l'année dernière, le lac a été complètement asséché huit fois. Normalement, il se remplit à nouveau complètement, mais ces dernières années, le changement climatique a entraîné un assèchement progressif du lac. Le lac et ses zones humides, qui bénéficient d'un climat tropical, sont un habitat privilégié de l'avifaune. 164 espèces différentes ont été recensées dans la réserve, dont certaines, migratrices, ne fréquentent la région que de manière saisonnière. Jusqu'à la fin du XIX$^e$ siècle, le lac s'étendait jusqu'au pied des falaises granitiques escarpées du mont Mulanje. L'imposant massif montagneux est traversé par de profondes gorges et rivières qui se jettent en cascades dans le vide. De nombreuses espèces d'oiseaux, parmi les 600 que compte la région, nichent dans les parois rocheuses abruptes.

*De vastes plaines d'où émergent subitement d'immenses montagnes, le mont Mulanje est né de l'activité volcanique sous la croûte terrestre. La surface s'est érodée, laissant derrière elle des roches granitiques dures.*

*Le python préfère vivre dans les marécages (ci-dessus), tout comme les pélicans (en bas à droite).*

**LOCALISATION** Sud-ouest de l'Afrique du Sud et Royaume du Lesotho, Parc national d'uKhahlamba Drakensberg en Afrique du Sud et Parc national Sehlabathebe au Lesotho

**SUPERFICIE** 2 493,13 km$^2$

Inscrit au patrimoine mondial de l'UNESCO depuis 2000

# Montagnes du Drakensberg
## AFRIQUE DU SUD

S'étirant sur plus de 1 000 kilomètres, les montagnes du Drakensberg (signifiant « montagnes du Dragon ») marquent la frontière entre les hautes terres intérieures d'Afrique du Sud et la côte est. Sa partie nord, le Transvaal-Drakensberg, fait partie de la réserve naturelle de Blyde River Canyon ; la région sud, baptisée « Natal-Drakensberg », fascine par ses imposants sommets de plus de 3 000 mètres de haut et ses lacs secrets. Elle est inscrite au patrimoine mondial de l'UNESCO depuis 2000. Le Parc national uKhahlamba Drakensberg renferme un magnifique trésor, les peintures rupestres des San. Plus de 35 000 gravures et peintures ont été découvertes à ce jour. La grotte Giant's Castle mérite à elle seule le détour : elle abrite plus de 500 représentations de gibier, de scènes de chasse, mais aussi de cérémonies chamaniques.

*Un paysage à la fois sauvage et enchanteur : peut-être ne s'agit-il pas de rochers, mais du dos de dragons endormis qui se reposent ici, dans les « montagnes du dragon » ?*

*La rivière Tugela se jette du bord de la falaise, tombe dans les profondeurs abyssales et, une fois en bas, serpente à travers le paysage (ci-contre).*

**LOCALISATION** À l'est du pays, à l'ouest de la province du KwaZulu Natal, dans le nord du Drakensberg, partie du Parc national de Royal Natal
**HAUTEUR** 948 m

# Chutes de la Tugela et gorge de Tugela

Dans cette région, les randonneurs sont témoins de l'un des plus puissants spectacles naturels d'Afrique du Sud. Dans la liste des plus hautes chutes d'eau du monde, les chutes de la Tugela (948 mètres) occupent la deuxième place après le Salto Ángel (979 mètres) au Venezuela. Elles sont alimentées par le fleuve Tugela, qui prend sa source dans le Mont-Aux-Sources. Le chemin menant aux chutes passe devant le Mont-aux-Sources (3 282 mètres), le Sentinel (2 165 mètres) et le Eastern Buttress (3 047 mètres). Les amateurs de sensations fortes peuvent gravir, sur 60 mètres, deux échelles en fer fixées sur les rochers. Si les échelles sont trop instables, il est possible d'accéder au plateau par « The Gully », un éboulis de plusieurs centaines de mètres. En haut, il faut marcher encore quelques minutes avant d'atteindre les cascades, mais l'effort en vaut la peine : la vue sur les montagnes du Dragon est époustouflante.

**LOCALISATION** Province du Cap-Occidental, près de la ville de Beaufort West

**SUPERFICIE** 768 km²

www.sanparks.org/parks/karoo

# Parc national du Karoo
## AFRIQUE DU SUD

Le Parc national du Karoo, créé en 1979 près de Beaufort West, s'est engagé à protéger la flore particulière du Karoo et à réintroduire les espèces sauvages qui y vivaient autrefois. Le pâturage extensif des éleveurs de moutons et de chèvres avait tellement endommagé le fragile équilibre du Grand Karoo qu'il menaçait de se transformer en un paysage désertique aride. Les plantes succulentes et les buissons caractéristiques du Karoo reprennent vie au sein de ce Parc national. Sur près de 80 000 hectares, on recense différentes formes de végétation typiques des plaines situées en contrebas, mais aussi des montagnes du Nuweveldberg, qui culminent à 1 911 mètres. Les antilopes vaches appelées des « Nilgaut » (vache bleue), gnous à queue blanche, élands, koudous, oryx, springboks et zèbres des steppes et des montagnes sont facilement repérables dans ce paysage à la végétation rare.

*Seuls les animaux robustes peuvent survivre dans ce semi-désert de 500 000 km², dont le nom provient du mot san signifiant « sec ».*

**LOCALISATION** Sud-ouest du pays, provinces de Limpopo et Mpumalanga

**SUPERFICIE** 19 624 km$^2$

**CRÉATION** 1898

www.krugerpark.co.za

# Parc national Kruger
## AFRIQUE DU SUD

Le Parc national Kruger est la destination touristique la plus populaire d'Afrique du Sud. C'est en 1898 qu'a été créée la plus grande réserve d'animaux sauvages du continent africain ; environ 2 000 kilomètres de pistes et de routes goudronnées desservent cette région sauvage qui s'étend sur près de 20 000 kilomètres carrés. Les visiteurs peuvent loger dans l'un des 20 « rest camps » – du simple camp de toile au camp de luxe. Depuis les savanes d'épineux du nord, la végétation se densifie en descendant vers le sud : les forêts de mopanes, les vastes plaines herbeuses et les denses bosquets d'acacias constituent l'habitat des rhinocéros blancs et noirs, des éléphants, de 17 espèces d'antilopes et de 1 500 lions. Les buffles se promènent dans la brousse, les girafes grignotent les feuilles d'un acacia parasol et l'avifaune, riche de plus de 500 espèces, donne un drôle de concert.

*La rivière Luvuvhu (ci-contre, en haut) coule comme un large ruisseau à travers le Parc national Kruger.*

*Une lionne s'est retirée dans un arbre et se repose (ci-contre). Néanmoins, elle reste toujours vigilante. Un rhinocéros noir adulte (ci-dessus), quant à lui, n'a pas d'ennemis naturels dans son habitat et peut se détendre.*

**LOCALISATION** Au nord-ouest du Botswana ; l'Okavango s'élargit ici et forme l'une des plus grandes zones humides d'Afrique, avant de se noyer en partie dans le bassin du Kalahari ou de s'évaporer

**SUPERFICIE** 20 000 km²

Inscrit au patrimoine mondial de l'UNESCO depuis 2014

www.okavangodelta.com

# Delta de l'Okavango
## BOTSWANA

Ce spectacle naturel est aussi incroyable que terrifiant : gonflé par les crues pendant la saison des pluies, l'Okavango finit par déborder et submerger en quelques semaines une zone de 20 000 kilomètres carrés. Les ruisseaux deviennent des fleuves, les collines des îles. Les étendues terrestres se transforment en mer. C'est ainsi que se forme, à partir de rien, un immense delta intérieur, bien avant l'embouchure du fleuve. Au bout de six mois, le paysage aquatique disparaît comme par magie et la terre immergée réapparaît. Il n'y a pas que les plantes qui prospèrent pendant cette inondation naturelle, l'eau attire aussi des milliers d'animaux, des crocodiles du Nil aux buffles d'eau, des éléphants aux hyènes et des gnous aux hippopotames.

*La nature sauvage au cœur du delta de l'Okavango est d'une beauté envoûtante. La réserve de Moremi, île protégée au milieu des eaux, s'étend sur environ 5 000 km² et abrite une faune incroyable.*

**LOCALISATION** À environ 150 km au nord-ouest de Malé, au nord du canal Kashidhoo Kandhoo

**SUPERFICIE** 1 200 km²

**CRÉATION** 1998

Inscrit au patrimoine mondial de l'UNESCO depuis 2011

# Atoll de Baa
## MALDIVES

La réserve de biosphère de l'atoll de Baa comprend, sur 1 200 kilomètres carrés, 75 îles, dont 13 sont habitées par environ 12 000 personnes. En été, lorsque le plancton est particulièrement abondant dans la zone protégée située à environ 150 kilomètres au nord de l'île capitale de Malé, des dizaines de raies mantas s'ébattent dans les lagons autour de Kihavah Huravalhi et de l'île voisine de Landaa Giraavaru. Nager à leurs côtés est une expérience hors du commun. En effet, malgré son envergure de près de 4 mètres et sa gueule grande ouverte, la raie manta dégage une apparence douce et paisible. Majestueuse, elle tourne autour des plongeurs du récif de « Dhawandoo-Thila » en faisant des battements calmes qui rappellent ceux d'un aigle, avant de disparaître dans le bleu profond de l'océan. Des tortues pagaient joyeusement dans les coraux multicolores, au milieu des poissons tropicaux, comme le requin-baleine ou le mérou paon, et des bryozoaires.

*Du fait des vastes récifs coralliens et des forêts de mangroves qui le composent, l'atoll de Baa revêt une grande importance écologique et abrite une biodiversité exceptionnelle.*

*Les récifs en forme d'anneau et autres structures récifales qui font généralement la réputation des Maldives se trouvent en densité unique au large de l'atoll de Baa.*

**LOCALISATION** À proximité immédiate des îles voisines La Digue, Félicité et Sisters Islands
**SUPERFICIE** 0,018 km$^2$
**CRÉATION** 1996

# Parc national marin de l'Île Cocos

L'île miniature de Cocos, située à environ un kilomètre au nord de Félicité, s'étend sur 18 000 mètres carrés. Elle est protégée depuis 1996, tout comme l'espace maritime qui l'entoure. Le Parc national marin, quant à lui, est composé de trois petites îles : l'île Cocos, l'île La Fourche et l'île Platte, toutes entourées d'une mer turquoise peu profonde, bordée de grands récifs coralliens. Destination de snorkeling très prisée, ce petit îlot granitique à la pittoresque végétation de palmiers est souvent visité depuis La Digue et Praslin. La grande plaque de corail qui l'entoure abrite de nombreux poissons de récif comme des raies, mais aussi des murènes, des tortues de mer et parfois même des requins-baleines. Pendant des années, aucun bateau n'a été autorisé à accoster ici afin de préserver la richesse du monde sous-marin. Les plongeurs sont donc priés de ne rien toucher et de ne pas déranger les animaux marins, en particulier lors de la plongée et du snorkeling.

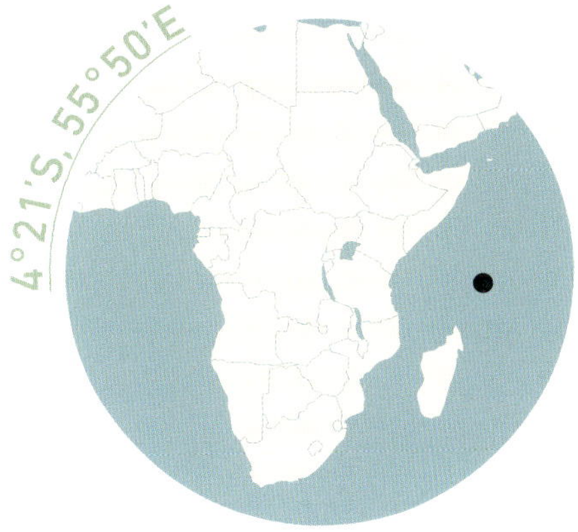


**LOCALISATION** À environ 6 km à l'est de Praslin, 50 km au nord-est de Mahé

**SUPERFICIE** 10 km²

**HABITANTS** 2 200

# La Digue
## SEYCHELLES



L'île de 10 kilomètres carrés est uniquement accessible par bateau. Elle doit son surnom d'« île Rouge » aux rochers de granit rougeâtre qui s'élèvent jusqu'à 300 mètres de hauteur dans les baies. Les magnifiques plages de sable blanc, comme l'Anse Source d'argent, la mer aux reflets turquoise et les cocotiers qui poussent un peu partout offrent un tableau somptueux qui sert souvent de décor à des photos publicitaires ou de mode. Aucune voiture ne circule sur La Digue. Il est toutefois facile de découvrir l'île à pied, à vélo ou même en char à bœufs. Les plantations de coco ou de vanille proposent des visites guidées durant lesquelles des démonstrations de transformation du coprah en huile de coco sont organisées. La réserve naturelle de la Veuve a été spécialement créée pour le gobe-mouche de paradis, l'une des espèces d'oiseaux les plus rares au monde, que l'on ne trouve qu'à La Digue.

*La Grand Anse (en haut) à La Digue est une plage sauvage et son décor de rêve la rend absolument unique. Elle n'a cependant pas de récif en amont et donc pas de protection contre la mer ouverte.*

*L'île Cocos (ci-contre), île en miniature et destination touristique réputée est le site de snorkeling le plus populaire des Seychelles.*

**LOCALISATION** Île de La Réunion, dans l'océan Indien, à 800 km à l'est de Madagascar

**SUPERFICIE** 2 512 km$^2$

**CRÉATION** 2007

Inscrit au patrimoine mondial de l'UNESCO depuis 2010

# Pitons, cirques et remparts de l'île de La Réunion
## FRANCE - LA RÉUNION



Le premier habitant du cirque de Mafate, une vallée isolée de l'île de La Réunion, fut un esclave malgache en fuite au nom redoutable, « Mafate », qui provient du malgache signifiant « celui qui tue ». Il a régné sur une communauté d'esclaves pendant une grande partie du XVIII$^e$ siècle, avant de donner son nom au cirque. Le piton des Neiges est enclavé au milieu de trois cirques : Mafate au nord-ouest, Cilaos au sud et Salazie au nord-est. Le cirque de Mafate, qui s'étend sur 95 km$^2$, est accessible uniquement à pied ou en hélicoptère. Tout autour, les montagnes et leur dizaine de sommets de plus de 2 000 mètres forment un véritable rempart. Le site dessert près de 100 kilomètres de sentiers de randonnée. Entre pitons, cirques et montagne sont nichés de petits hameaux, appelés « îlets », où les habitants maintiennent un art de vivre à la créole et ont toujours plaisir à accueillir les nombreux randonneurs. Depuis 2010, le cirque de Mafate est classé au patrimoine mondial de l'UNESCO, aux côtés du cirque de Salazie et du cirque de Cilaos.

*Le cirque de Mafate est le plus aride et le moins connu des trois cirques, peut-être parce qu'il n'est accessible qu'à pied ou en hélicoptère. Vous goûterez au calme de la nature à l'état pur.*

# AMÉRIQUE

**LOCALISATION** Sur la côte ouest de l'île de Vancouver, au large de la Colombie-Britannique

**SUPERFICIE** 511 km$^2$

**CRÉATION** 1970

www.pc.gc.ca/en/pn-np/bc/pacificrim

# Réserve de parc national Pacific Rim CANADA

Directement bordé par l'océan Pacifique, le Parc national du même nom s'étend sur 130 kilomètres le long de la côte ouest de l'île de Vancouver. Créé dès 1970, il est devenu en 2001 une réserve dans laquelle la population indigène de la région – principalement le peuple nuu-chah-nulth – poursuit une tradition de longue date. Situé en bord de mer, le parc bénéficie d'un climat frais et humide propice au développement d'une forêt tropicale luxuriante peuplée d'énormes épicéas de Sitka poussant sur une litière de fougères et de mousse. Le parc de Pacific Rim se trouve sur une voie de migration des baleines. Elles peuvent être observées au printemps et à l'automne, pour le plus grand bonheur des touristes. Les visiteurs se pressent pour la plupart dans le nord du parc, qui se divise en trois parties. Long Beach, près de Tofino, est une vaste étendue de plage bordée de sentiers forestiers propice à la promenade. Plus au sud se trouve l'archipel Broken Group. Les randonneurs apprécient aussi cheminer sur le Sentier de la Côte-Ouest, long de 75 kilomètres, considéré comme l'un des meilleurs itinéraires de trekking au monde.

*Le Parc national est divisé en trois régions séparées l'une de l'autre par de l'eau : Long Beach à l'extrémité sud de Clayoquot Sound, l'archipel des Broken Islands composé d'une centaine d'îlots à Barkley Sound, et le sentier de la Côte-Ouest.*

*Un paysage de bois flotté blanchi : c'est à cela que ressemblait South Beach lorsque le capitaine James Cook y a jeté l'ancre en 1778. Aujourd'hui encore, l'endroit est vierge de toute construction (en bas à droite).*

**LOCALISATION** Dans les Rocheuses, près de la capitale provinciale Edmonton en Alberta

**SUPERFICIE** 10 878 km²

**CRÉATION** 1907

Inscrit au patrimoine mondial de l'UNESCO depuis 1984 (avec les Parcs nationaux de Banff, Yoho et Kootenay)

www.pc.gc.ca/en/pn-np/ab/jasper



# Parc national Jasper
## CANADA

Une vraie carte postale : le Parc national Jasper, dans les montagnes Rocheuses, est l'une des destinations les plus prisées du continent nord-américain. Il abrite plus de 800 lacs dont la plupart sont alimentés par les glaciers qui les entourent. Le lac Beauvert, un lac glaciaire vert émeraude, se trouve à proximité immédiate de la ville de Jasper. C'est sur ses rives qu'a été construit le complexe Jasper Park Lodge, qui fait concurrence à l'hôtel Banff Springs situé dans le parc Banff voisin. Jasper est moins fréquenté que Banff et les sentiers de l'arrière-pays permettent de découvrir en toute quiétude une nature spectaculaire. Le mont Whistler, très fréquenté, est accessible par téléphérique. De là-haut, la vue panoramique est à couper le souffle. Le lac Maligne, d'une beauté incomparable, se rejoint par de nombreux sentiers. Les amoureux de la nature sauvage seront comblés.

*C'est depuis le belvédère de la chèvre que la vue sur la vallée de l'Athabasca est la plus époustouflante : le Parc national de Jasper est plus grand que ses trois voisins Banff, Yoho et Kootenay.*

*Le niveau du lac Medicine (ci-contre), situé à 1 436 m d'altitude et alimenté principalement par des glaciers, varie considérablement. Il atteint son niveau le plus élevé en été, lorsque l'eau de la fonte des neiges dépasse le débit maximal via un système de rivières souterraines.*

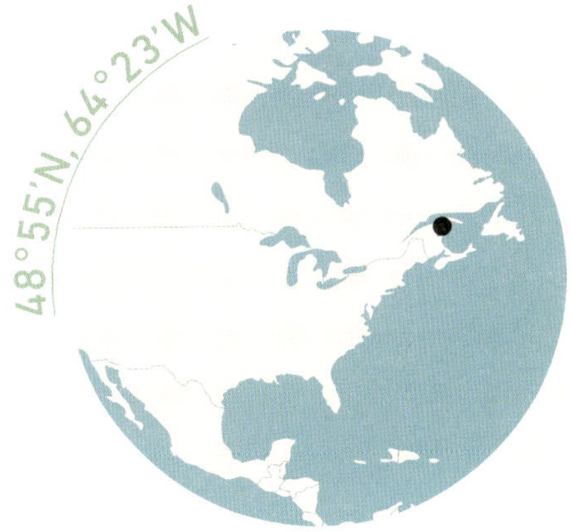


**LOCALISATION** Dans la province canadienne de Québec ; la ville la plus proche est Gaspé

**SUPERFICIE** 244 km$^2$

**CRÉATION** 1970

www.parks.canada.ca/pn-np/qc/forillon



# Parc national du Forillon
## CANADA

Là où la terre finit : le Forillon, premier parc national du Québec créé en 1970, est situé sur la longue péninsule de Gaspé. Bordé de contreforts montagneux et de falaises maritimes, le fleuve Saint-Laurent se jette dans le golfe du même nom. Les oiseaux de mer y trouvent un paradis pour nicher, les plantes arctiques y côtoient la flore alpine. Les visiteurs commencent leurs randonnées dans la forêt dense qui se transforme peu à peu en marais salants, dunes de sable et côtes. La tour du mont Saint-Alban offre la meilleure vue sur le parc de 240 kilomètres carrés. Au sommet du cap rocheux de Gaspé se trouve le plus haut phare du Canada. Les Mi'kmaq et les Iroquois venaient autrefois au Forillon pour chasser et pêcher. Le village-musée de Grande-Grave indique que de nombreuses familles d'immigrés vivaient ici de la salaison de la morue il y a une centaine d'années.

*Le cap Gaspé, étroit et rocheux, s'avance loin dans le golfe du Saint-Laurent. Depuis le cap Bon-Ami, une forêt dense se pare de couleurs automnales, où vivent le lynx, l'ours et le porc-épic. On y croise également le lièvre d'Amérique et le busard des roseaux.*

**LOCALISATION** Dans le centre de l'Alaska, juste à l'ouest de la ligne qui relie Fairbanks à Anchorage au Nord

**SUPERFICIE** 24 585 km²

**CRÉATION** 1917

www.nps.gov/dena

# Parc national de Denali
## ÉTATS-UNIS

Au début du XXᵉ siècle, des milliers de chercheurs de fortune se rendent dans la région de l'actuel Parc national pour y trouver de l'or. Ils creusent dans les cours d'eau et les lits des ruisseaux, abattent les arbres sans ménagement, laissent leurs déchets derrière eux et déciment le gibier pour se nourrir. À l'époque, aucune directive en matière de protection du gibier n'est encore en vigueur, la préservation de la nature est reléguée au second plan. Mais l'arrivée du naturaliste Charles Sheldon change les choses. En compagnie de Harry Karstens, il explore le pays le long de la Kantishna River ; il passe un hiver dans les montagnes de l'Outer Range et sur la rivière Toklat. Son enthousiasme pour la nature et son engagement sans faille pour la protection de cette région conduisent à la création du Parc national de Denali au bout de plusieurs années, en 1917 seulement. Harry Karstens, premier vainqueur de ce qui s'appelait encore le mont McKinley, devient le gardien du parc.

### Polychrome Pass

De là, on jouit d'une vue fascinante sur les montagnes environnantes. Le fer oxydé ainsi que d'autres minéraux donnent aux roches des teintes intenses, de l'orange au rouge rouille.

*La taïga, la forêt boréale de conifères du Nord, borde la toundra. En automne, elle se pare des plus belles couleurs rougeoyantes devant les crêtes blanches de la chaîne de l'Alaska (ci-contre).*

*Les caribous ne se livrent à des combats qu'au moment du rut pour conquérir leur harem et défendre leur position. Le reste du temps, ils sont plutôt pacifiques.*

## Rivière Toklat

Le naturaliste Charles Sheldon passe l'hiver 1907/1908 dans une cabane sur la rivière Toklat. Il est tellement conquis par le paysage qu'il se bat pendant des années pour protéger la nature menacée par la surexploitation.

## Wonder Lake

Entouré de saules et d'aulnes, le lac s'étend du nord au sud sur près de 6 kilomètres. Les plus chanceux apercevront des élans y patauger pour se régaler de plantes aquatiques.

**LOCALISATION** Sur les versants ouest de la Sierra Nevada, dans l'État américain de Californie

**SUPERFICIE** 3 027 km$^2$

**CRÉATION** 1890

Inscrit au patrimoine mondial de l'UNESCO depuis 1984

www.nps.gov/yose

# Parc national de Yosemite
## ÉTATS-UNIS

Le Parc national de Yosemite est l'une des réserves naturelles les plus impressionnantes et les plus populaires de l'Ouest américain et est très fréquenté, surtout en été. Les visiteurs se pressent en particulier dans la vallée de Yosemite, située au cœur de l'une des régions les plus boisées de la Sierra Nevada. La pittoresque rivière Merced traverse le bassin de la vallée. Les parois de granit des falaises environnantes s'élèvent jusqu'à 1 500 mètres. « O-ha-mi-te », « vallée des ours » : c'est ainsi que les Indiens appelèrent cette vallée enchanteresse. Elle fut finalement baptisée Yosemite. Frederick Law Olmsted, créateur du Central Park de New York, avait déjà émis l'idée de transformer la vallée de Yosemite en une réserve naturelle. Mais c'est John Muir, pionnier de l'écologie, qui a poussé le gouvernement à créer le Parc national de Yosemite en 1890. Il s'est également battu pour la protection des séquoias.

*Le lynx roux, le puma, l'ours noir, le lagopède à queue blanche, le pika et le coyote se sentent chez eux dans le parc national de Yosemite (photos en partant du haut à gauche).*

*Le Parc national Yosemite attire de nombreux visiteurs en raison de la beauté époustouflante du célèbre Tunnel View, qui offre une vue sur les deux géants El Capitan et Cathedral Rock (en haut à droite). Pendant une dizaine de jours en février, les chutes de Yosemite se présentent sous la forme d'une cascade de feu étincelante à la lumière du soleil couchant (en bas à droite).*

## Devil's Golf Course

« Sur une surface aussi sillonnée, seul le diable peut jouer au golf », indiquait une brochure du Parc national de 1934. Il y a mille ans environ, il y avait un lac ici, le lac Manly, dont l'eau s'est évaporée, ne laissant qu'une croûte de sel que les phénomènes météorologiques modifient sans cesse en de nouvelles formes étranges.

## Mesquite Flat Sand Dunes

Que serait un désert sans dunes ? Certes, celles-ci font à peine 100 mètres de haut, mais ce sont les plus connues et les plus facilement accessibles du nord de la vallée de la Mort. Elles s'étendent sur une grande surface. En fonction de l'exposition au vent, elles prennent une forme de croissant, linéaire ou d'étoile.

## Artist's Palette

Il s'agit d'une palette de couleurs au sens propre du terme. Les faces des Black Mountains présentent une incroyable richesse de couleurs due à l'oxydation des métaux dans la roche. Le fer, par exemple, donne une couleur rouge, le cuivre une couleur verte. Toute la formation Artist's Drive est d'origine volcanique.

**LOCALISATION** À l'est de l'État américain de Californie, à la frontière avec le Nevada

**SUPERFICIE** 13 628 km$^2$

**CRÉATION** 1933 (Monument national) ; 1994 (Parc national)

www.nps.gov/deva



# Parc national de la Vallée de la Mort
## ÉTATS-UNIS

La tristement célèbre Vallée de la Mort (en anglais, « Death Valley ») s'étend à l'est de la Californie sur une superficie d'environ 13 000 kilomètres carrés. Elle est nichée entre deux chaînes de montagnes : la chaîne de Panamint à l'ouest et la chaîne d'Amargosa à l'est. En été, des températures de plus de 50 °C y sont enregistrées. Depuis 1994, la région est devenue un Parc national. Les premiers colons à fouler la vallée ont bien failli y périr. Ils faisaient partie d'un convoi en route vers les champs aurifères de Californie en 1849. Ils ont pris ce qu'ils pensaient être un raccourci et se sont retrouvés sous la chaleur torride de la vallée. Ils ont attendu vingt jours avant d'être secourus. « Goodbye, Death Valley ! » aurait crié l'un des colons. Aujourd'hui encore, la plus grande prudence est de mise lors de la traversée. Il est vital d'emporter avec soi des réserves d'eau potable en quantité suffisante.

*Zabriskie Point (ci-contre en haut) offre une vue imprenable sur la Vallée de la Mort.*

## Golden Canyon

La randonnée de quelques kilomètres dans la « Golden Gorge » est l'une des plus belles de la Vallée de la Mort. Le parcours ne cesse de monter, passant par des couloirs étroits le long de hautes parois rocheuses. Les roches du canyon scintillent dans des tons dorés, rouge-brun et orange.

**LOCALISATION** Au nord-ouest du Wyoming, dans les Rocheuses, une petite partie du territoire s'étend sur la frontière du Montana et de l'Idaho

**SUPERFICIE** 8 983,49 km$^2$

**CRÉATION** 1872

Inscrit au patrimoine mondial de l'UNESCO depuis 1978

www.nps.gov/yell

# Parc national de Yellowstone
## ÉTATS-UNIS

Fondé en 1872, le Parc national de Yellowstone est une région sauvage majestueuse abritant des montagnes, des rivières, des lacs et également plus de 300 geysers. L'eau froide, qui descend dans des chambres magmatiques profondes, est chauffée puis poussée vers la surface par d'étroits canaux. Le plus fiable est le « Old Faithful », qui projette ses colonnes d'eau bouillante du sol toutes les 70 minutes environ. Le Steamboat Geyser, qui a jailli pour la dernière fois en 1978, est le plus haut geyser du monde : il peut projeter de l'eau à plus de 100 mètres de hauteur. La fumée de soufre s'élève en volutes épaisses au-dessus du bassin du geyser Norris. Les visiteurs du parc peuvent profiter de la beauté de trois magnifiques cascades, les Lower, Upper et Crystal Falls, formées par l'écoulement de la rivière Yellowstone. La faune est également étonnamment variée : les bisons, ours et wapitis s'aventurent souvent jusqu'à la route.

*La géothermie fait des merveilles dans le Parc national de Yellowstone. Des êtres vivants microscopiques se sont habitués aux températures chaudes et confèrent à certains bassins des couleurs très originales.*

### Grand Canyon du Yellowstone

Le Grand Canyon de Yellowstone, d'une profondeur de près de 400 mètres, compte des chutes d'eau vertigineuses. Il offre un voyage dans le temps, dans l'Amérique d'antan, avant que les conquérants européens ne la transforment. D'immenses troupeaux de bisons paissent en liberté sur ces grandes étendues.

## Upper Geyser Basin

L'Upper Geyser Basin, qui abrite l'une des plus grandes concentrations de geysers au monde, est un site touristique prisé, dont la principale attraction est le « Old Faithful ». Les nombreux autres geysers et mares de boue bouillonnantes et colorées sont également fascinants.

## Lower Geyser Basin

Certains visiteurs affirment que toutes les merveilles du parc du Yellowstone sont regroupées au même endroit, dans le Lower Geyser Basin – et ils n'ont pas tout à fait tort, du moins en ce qui concerne l'aspect géothermique : geysers, sources chaudes, terrasses de concrétions, fumerolles et mares de boue se présentent tous ici sous leur meilleur jour.

## Old Faithful

La régularité avec laquelle le Old Faithful, le « vieux fidèle », fait jaillir sa colonne d'eau dans le ciel en fait l'un des geysers les plus célèbres au monde, comme en témoigne le nombre de personnes qui assistent au spectacle toutes les heures.

**LOCALISATION** État de l'Utah, à mi-chemin entre l'Interstate 70 et la frontière de l'Arizona, près de la ville de Moab

**SUPERFICIE** 1 365 km$^2$

**CRÉATION** 1964

www.nps.gov/cany

# Parc national de Canyonlands ÉTATS-UNIS

Les Canyonlands, dans le sud de l'Utah, font partie des paysages les plus passionnants de la planète. La zone protégée actuelle, qui n'était accessible qu'aux Indiens et cavaliers expérimentés durant la première moitié du XX$^e$ siècle, a été déclarée Parc national en 1964. De nombreux sentiers de randonnée mènent dans les gorges et les vallées. Ils ouvrent un monde féérique de roches colorées. La Green River et la Colorado River serpentent au travers des formations rocheuses. Depuis le Grand View Point Overlook, la vue sur les gorges des rivières est à couper le souffle. Différents sentiers menant aux aiguilles au Sud partent du Needles Visitor Center. Le parc abrite plusieurs maisons pueblos en pierre autrefois habitées par des Indiens du même nom. Le Maze District offre une nature époustouflante restée intacte, car cette partie est si isolée que peu de visiteurs s'y aventurent.

*La célèbre arche Mesa Arch (ci-contre) est emblématique du Parc national de Canyonlands. Les mesas qui façonnent le paysage et la couleur ocre qui ressort au lever et au coucher du soleil sont également caractéristiques du paysage.*

## Island in the Sky

Island in the Sky est le triangle au nord, qui se caractérise par une forte aridité. Des sentiers de randonnée mènent ici aux plus beaux points de vue panoramiques, comme The Neck, qui offre une vue grandiose sur les formations rocheuses et deux rivières sinueuses.

## White Rim

La région d'Island in the Sky se caractérise surtout par White Rim, un immense plateau de roche d'un blanc presque étincelant qui semble traverser les rochers, créant un contraste intéressant avec les tons rouges.

## Parc d'État de Dead Horse Point

Le State Park se trouve à proximité directe du Parc national de Canyonlands et impressionne particulièrement par la vue sur le fleuve Colorado, qui effectue ici un impressionnant virage à 180 degrés dans les gorges. Plusieurs scènes de films ont déjà été tournées ici.

## The Needles

Les Needles se dressent fièrement et arborent des rayures pittoresques au cœur du parc Chesler. Elles sont d'une beauté saisissante, et le sentier Confluence Overlook Trail, d'où l'on peut voir le confluent du fleuve Colorado et de Green River, est une randonnée recommandée dans la région des Needles.

## Angel Arch

Personne ne pourra prétendre le contraire : Angel Arch est particulièrement photogénique, même si ce n'est pas la seule arche rocheuse du Parc national de Canyonlands. Elle doit son nom à sa forme, qui s'apparente à un ange de profil portant une longue robe, la tête délicatement baissée.

**LOCALISATION** Au sud de l'Utah, entre la réserve naturelle de Grand Staircase-Escalante et le Parc national de Zion ; au nord, le village de Bryce qui propose des hébergements

**SUPERFICIE** 145 km$^2$

**CRÉATION** 1928

www.nps.gov/brca

# Parc national de Bryce Canyon
## ÉTATS-UNIS

Tels des tuyaux d'orgue, les tours rocheuses rouges de Bryce Canyon s'élèvent du sol rocailleux. Les formations calcaires colorées, créées par le vent et le temps pendant des millions d'années, portent des noms fantaisistes, tels que Thor's Hammer, Queen's Castle, Gulliver's Castle, Hindu Temples et Wall Street. Nulle part ailleurs, pas même dans le Grand Canyon, la nature n'a été aussi capricieuse qu'ici. John Wesley Powell a été le premier homme blanc à explorer le canyon vers 1870. Le Parc national doit son nom à Ebenezer Bryce, qui a construit un ranch à Bryce Canyon. Il a pourtant rapidement déménagé en Arizona, car il passait parfois des semaines à chercher son bétail dans les gorges sinueuses. Depuis 1924, Bryce Canyon, unique avec ses étranges colonnes rocheuses, est un monument national. Il obtient le statut de Parc national quatre ans plus tard.

*Bryce Canyon est l'exemple même que la nature crée parfois des choses aussi belles qu'étranges ! Le plateau de Paunsaugunt s'étend sur plus de 30 km. Le vent et les intempéries y ont creusé d'innombrables colonnes rocheuses, appelées les hoodoos. Les visiteurs qui affluent ici chaque année (un million) passent inaperçus dans ce dédale de roches.*

**LOCALISATION** Au nord de l'Arizona, la grande ville la plus proche est Flagstaff, qui se trouve au sud du parc

**SUPERFICIE** 4 926,08 km²

**CRÉATION** 1919

Inscrit au patrimoine mondial de l'UNESCO depuis 1979

www.nps.gov/grca



# Parc national du Grand Canyon ÉTATS-UNIS

En 1540, l'Espagnol López de Cárdenas fut le premier Européen à découvrir le panorama grandiose du Grand Canyon, mais ce n'est qu'au milieu du XIXe siècle qu'une cartographie précise a pu être établie. L'histoire de la formation du Grand Canyon n'a toujours pas été étudiée avec précision. La rivière a probablement commencé à se frayer un chemin à travers le plateau rocheux il y a environ 6 millions d'années. Au fil du temps, c'est ainsi que s'est formé ce canyon, dont John Muir, défenseur passionné de la nature, disait qu'il était « le plus grandiose des sites terrestres de Dieu ». Le vent et les intempéries ont tous contribué à sculpter et façonner le Grand Canyon. La succession très reconnaissable des différentes couches de roches dans les parois rocheuses documente les différentes périodes des âges géologiques. Les fossiles trouvés ici constituent une source d'information importante sur l'époque préhistorique.

*Les parois du Grand Canyon tombent presque à la verticale. Pour atteindre l'autre côté du canyon, il n'y a pas d'autres choix que de le contourner : les ponts sur le fleuve Colorado se trouvent à l'extérieur du Parc national.*

*Les deux bords du canyon offrent de jolis points de vue, notamment au lever et au coucher du soleil. Des sentiers de randonnée peuvent être empruntés pour explorer les canyons latéraux et des vols en hélicoptère offrent une vue panoramique hors du commun sur le paysage.*

**LOCALISATION** Au sud de la Sierra Nevada dans l'État américain de Californie, au sud du Parc national de Kings Canyon

**SUPERFICIE** 1 635 km$^2$

**CRÉATION** 1890

**PARTICULARITÉS** Ici se trouve le « General Sherman », l'arbre le plus haut du monde

www.nps.gov/seki

# Parc national de Sequoia
## ÉTATS-UNIS



Le Parc national de Sequoia, au sud du Parc national de Kings Canyon, existe depuis 1890 déjà. Il abrite une forêt entière de séquoias géants qui lui ont donné son nom, la « Giant Forest ». On peut y observer des plantes à tous les stades de croissance. Ce parc abrite aussi le plus grand être vivant du monde : le « General Sherman », avec son énorme tronc, atteint un volume de bois de près de 1 500 mètres cubes. On estime à 2 000 ans l'âge de ce vieux géant, qui pourrait théoriquement atteindre 4 000 ans. Dans les forêts et l'arrière-pays, qui s'étendent sur 3 500 kilomètres carrés, vivent également des pumas et des ours noirs, des cerfs mulets, des coyotes et des porcs-épics. Les rapaces tournoient en hauteur, tandis que les oiseaux chanteurs – et huit espèces de chauves-souris – n'ont pas peur de venir à la rencontre des visiteurs.

*Le Parc national de Sequoia est célèbre pour sa population de séquoias géants : cinq des dix arbres les plus hauts du monde poussent dans la Giant Forest. Les visiteurs peuvent également profiter des nombreux sentiers de randonnée du parc.*

*Cet ours (ci-dessus) se repose dans la forêt. En plus de courir vite et de bien nager, c'est un grimpeur habile.*

**LOCALISATION** Au sud de la Floride, la plus grande ville la plus proche est Homestead

**SUPERFICIE** 6 104 km$^2$

**CRÉATION** 1947

Inscrit au patrimoine mondial de l'UNESCO depuis 1979

www.nps.gov/ever

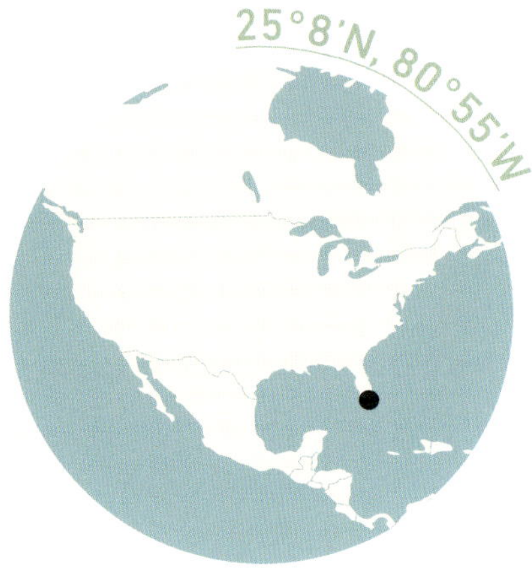

# Parc national des Everglades
## ÉTATS-UNIS

Les Everglades, une zone marécageuse au sud de la Floride, couvrent une superficie de 5 661 kilomètres carrés. Le Parc national, créé en 1947, s'étend du Tamiami Trail au nord jusqu'à la baie de Floride au sud et des Florida Keys à l'est jusqu'au golfe du Mexique. Les Indiens appelaient les Everglades « Pa-hay-okee », qui signifie « mer d'herbe ». Lorsque le vent souffle sur la Jamaica Sawgrass, les marais ressemblent à un océan déchaîné. Pendant des siècles, l'herbe coriace a été alimentée par l'eau du lac Okeechobee qui s'écoule vers le sud. Aujourd'hui, l'eau est freinée par des barrages et des canaux artificiels, fermement condamnés par les écologistes. Des chemins en planches de bois ont été installés dans les zones marécageuses pour permettre aux visiteurs d'observer la reproduction des oiseaux aquatiques. Le paysage naturel apparemment impénétrable des Everglades est un paradis pour les animaux. C'est la seule région du monde où vivent à la fois des crocodiles et des alligators.

*Les Everglades sont l'habitat privilégié des hérons verts, des hérons du Canada et des alligators notamment.*

*Les marais salants s'étendent comme une mer bleu-vert sous un vaste ciel. La flore et la faune s'épanouissent dans les eaux saumâtres, où prédomine tantôt l'eau douce venant du nord, tantôt l'eau de mer venant du sud.*

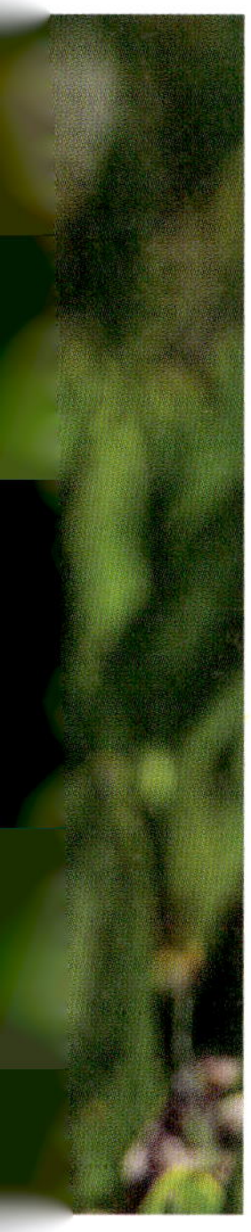

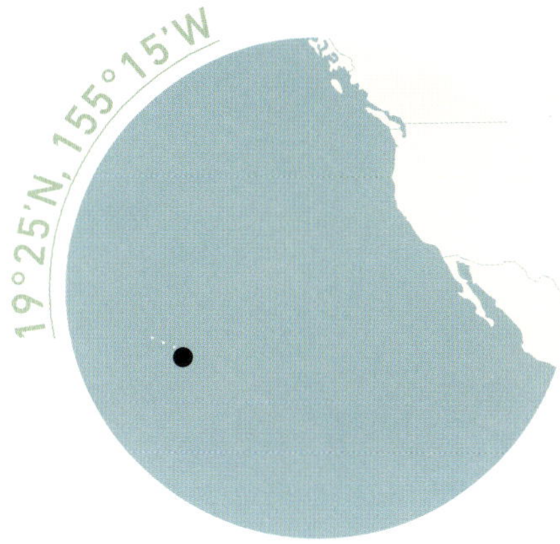


**LOCALISATION** Au sud-est d'Hawaï (Big Island)

**SUPERFICIE** 1 347 km$^2$

**CRÉATION** 1916

Inscrit au patrimoine mondial de l'UNESCO depuis 1987

www.nps.gov/havo



# Parc national des volcans d'Hawaï ÉTATS-UNIS

Classé patrimoine mondial de l'UNESCO à protéger, ce Parc national créé en 1916 se situe au sud-est de l'île d'Hawaï et comprend le Mauna Loa et le Kilauea, deux des volcans les plus actifs ainsi qu'une partie de la côte déchiquetée. Le parc couvre une superficie totale de 1 309 kilomètres carrés. La route Crater Rim Drive, longue de 16 kilomètres, fait le tour du cratère du Kilauea ; la Chain of Craters Road serpente vers la côte en passant devant de nombreux petits cratères, à une distance raisonnable de la lave qui s'écoule. De nombreux points de vue offrent une vue imprenable sur les cratères volcaniques situés en contrebas. Le sentier Kilauea Iki Trail traverse sur 6 kilomètres la forêt tropicale dans le petit cratère, et le sentier de 25 kilomètres monte jusqu'au sommet du Mauna Loa.

*Le Kilauea est aujourd'hui l'un des volcans les plus actifs de la planète. Les éruptions sont effusives, c'est-à-dire que la lave jaillit des entrailles de la terre et s'écoule dans un flux continu. Il crache régulièrement de la lave incandescente à la surface de la terre (ci-dessus). De nombreuses plantes subtropicales poussent dans le parc national, comme les fougères et les lichens ou la fleur de lehuha.*

**LOCALISATION** Au centre-est de l'État mexicain de Quintana Roo, sur la côte Pacifique, au nord-est de la ville de Felipe Carrillo Puerto

**SUPERFICIE** 5 280 km$^2$

Classé réserve de Biosphère de l'UNESCO depuis 1986

Inscrit au patrimoine mondial de l'UNESCO depuis 1987

# Réserve de biosphère de Sian Ka'an
## MEXIQUE

Située à 150 kilomètres au sud de Cancún, cette réserve naturelle offre, grâce à ses nombreux biotopes, des conditions de vie idéales pour plus de 100 espèces de mammifères, des amphibiens rares, quelque 350 espèces d'oiseaux et une flore tropicale. Dans la langue des Mayas, Sian Ka'an signifie « cadeau du ciel ». En effet, dans cette réserve naturelle de 5 000 kilomètres carrés, les conditions « célestes » sont propices à une faune et une flore d'une richesse incroyable. Les marais de mangrove, les forêts mixtes, les forêts tropicales et les forêts de feuillus, les savanes de palmiers, les plaines alluviales, les récifs coralliens ainsi que les lagunes sont un refuge pour de rares félins, comme les jaguars, différentes espèces de singes, les crocodiles et les tortues de mer. Un quart de la surface du parc est constitué d'eau. De plus, Sian Ka'an compte 23 sites archéologiques de la culture maya.

*La Réserve de Sian Ka'an offre une diversité d'habitats propices à un vaste éventail d'espèces d'oiseaux dont la spatule rosée (ci-dessus).*

**LOCALISATION** Au sud de Basse-Terre
**SUPERFICIE** 173 km$^{2}$
**CRÉATION** 1989
www.guadeloupe-parcnational.fr



# Parc national de Guadeloupe
## FRANCE - GUADELOUPE

Généralement recouverte de nuages, « La Vieille Dame », tel qu'est affectueusement surnommé le volcan de la Soufrière, s'élève à environ 1 467 mètres dans le ciel des Caraïbes et forge ainsi le caractère de Basse-Terre, l'île occidentale de la Guadeloupe. Autour de La Soufrière s'étend une zone de forêt tropicale dense et montagneuse de près de 17 000 hectares, où ont été recensées plus de 3 000 espèces végétales différentes, dont une majorité d'orchidées. Basse-Terre, capitale officielle du département d'Outre-mer de la Guadeloupe se trouve au pied de la « Vieille Dame ». Ses deux églises baroques datant des XVII$^{e}$ et XVIII$^{e}$ siècles et son fort de défense, le fort Delgrès, sont une attraction majeure pour les visiteurs. Au nord-est, on trouve des champs cultivés au milieu de collines.

*Située dans le parc national de l'île, la Soufrière est le plus haut sommet des Petites Antilles (ci-contre). Ci-dessus : les Chutes du Carbet.*

**LOCALISATION** Le long du fleuve qui porte son nom, de la côte est des Caraïbes jusqu'à l'intérieur du Honduras

**SUPERFICIE** 5 250 km²

**CRÉATION** 1969

Classé réserve de biosphère de l'UNESCO depuis 1979

Inscrit au patrimoine mondial de l'UNESCO depuis 1982

# Réserve de la biosphère Río Plátano
## HONDURAS

La réserve de biosphère située dans le bassin fluvial du Río Plátano abrite l'un des rares vestiges de la forêt tropicale humide d'Amérique centrale. Sur la côte, derrière des plages de sable immaculées, se trouvent des lagunes et des forêts de mangroves, mais aussi des savanes côtières où poussent des plantes marécageuses ainsi que des palmiers et des pins de plaine. La forêt tropicale et subtropicale, qui abrite une biodiversité très riche, recouvre l'intérieur du pays. De nombreuses espèces d'arbres y poussent, du cèdre espagnol à l'acajou, en passant par le balsa et le santal. La réserve offre à de nombreuses espèces animales un habitat préservé de toute civilisation. Quelques milliers de personnes seulement vivent dans cette région – outre les indigènes Miskito, Pech et Tawahka, les Garifuna (un groupe ethnique avec des ancêtres caribéens et africains) y perpétuent leur mode de vie. De plus, on y trouve des sites archéologiques mayas.

*Colorée, mais également dangereuse, la faune locale est d'une richesse incroyable : toucan pêcheur (grande photo), arakanga, capucin à face blanche, ocelot, lézard alligator, bothrops neuwiedi et serpent de café (de gauche à droite).*

*Les sites mayas et la faune ne doivent pas faire oublier les nombreuses espèces végétales aux couleurs et aux formes magnifiques.*

**LOCALISATION** La réserve de biosphère, qui comprend quatre parcs nationaux et d'autres zones protégées, se situe au nord de la capitale San José

**SUPERFICIE** 1 443,63 km$^2$

Classé réserve de biosphère de l'UNESCO depuis 1988



# Cordillère volcanique centrale
## COSTA RICA

Isolées et escarpées, certaines zones de cette région montagneuse semblent n'avoir jamais été parcourues par l'homme. Elle se caractérise par des pentes abruptes, traversées par un réseau de ruisseaux et de rivières. Des chutes d'eau se précipitent dans les profondeurs et les lacs reposent, immobiles, tels des miroirs. La cordillère volcanique centrale présente de multiples facettes. Elle compte quatre parcs nationaux ainsi que les deux volcans Poás et Irazú, tous deux à plus de 3 000 mètres d'altitude et toujours actifs. La station de recherche La Selva joue un rôle important dans la préservation de la forêt tropicale. Non seulement on y recense et étudie les 65 espèces de chauves-souris et nombreux arbres, lichens et plantes ainsi que les 5 000 espèces de papillons, mais les rangers et les bénévoles tentent également d'endiguer le braconnage dans cette région, qui touche principalement les iguanes, les cerfs et les pacas.

*Une zone contrastée : des roches volcaniques baignées dans la fumée d'un côté, une végétation verte luxuriante et humide de l'autre côté. Entre les deux virevoltent des aras militaires multicolores (grande photo).*

## Poás

Les volcans font partie des phénomènes naturels les plus imprévisibles de la planète. Le Poás, qui culmine à plus de 2 700 mètres et qui est encore actif, ne fait pas exception à la règle et les heures d'ouverture du Parc national qui l'entoure sont également imprévisibles. Pendant presque toute l'année 2017, aucun visiteur n'a été autorisé à s'approcher du volcan, car ce dernier a connu plusieurs éruptions en avril. Le gouvernement avait jugé le risque trop important. Le volcan Poás, qui renferme un mystérieux lac de cratère, a connu une période calme au cours des cent dernières années. Il n'a semé le trouble que dans les années 1950. Les habitants de la ville voisine de Bajos del Toro ont dû être évacués pour la dernière fois en 1955. Néanmoins, une éruption majeure pourrait survenir à tout moment.

## Irazú

Le cratère du volcan Irazú (3 432 mètres) est l'endroit sur Terre dont le paysage s'apparente le plus à celui de la Lune. C'est Neil Armstrong lui-même qui a fait cette comparaison. Par beau temps, les randonneurs qui ont atteint le sommet peuvent admirer non seulement les océans Pacifique et Atlantique qui bordent le Costa Rica, mais également un lac vert émeraude au fond du cratère, qui change de couleur en fonction des conditions météorologiques et de l'activité volcanique d'Irazú. Ce dernier est très actif, sa dernière éruption remonte à 1994. Non seulement sa lave est dangereuse, mais tout changement dans le cratère met en péril le lac, dont la paroi est extrêmement mince. Les habitants des villages tout proches s'inquiètent de l'activité sismique du colosse.

**LOCALISATION** Dans la Gran Sabana, dans l'État de Bolívar, au sud-est du Venezuela

**SUPERFICIE** 30 000 km²

**CRÉATION** 1962

Inscrit au patrimoine mondial de l'UNESCO depuis 1994



# Parc national Canaima
## VENEZUELA

« Canaima » – dans la langue des Indiens Kamarokoto qui vivent ici, ce nom incarne la divinité ténébreuse qui réunit tout le mal. Contrairement à son nom effrayant, le deuxième plus grand Parc national du Venezuela, qui s'étire sur 3 millions d'hectares, séduit par sa beauté naturelle époustouflante. Situé au sud-est du pays, à la frontière avec la Guyane et le Brésil, il s'étend sur le paysage grandiose de la Gran Sabana. Nichées dans une végétation dense, se déversent des chutes d'eau spectaculaires, telles que le Salto Ángel – la plus haute chute d'eau du monde –, le Salto Kukenan et les cascades de la lagune Canaima. Entre 3 000 et 5 000 espèces de plantes et de fougères y pousseraient, dont beaucoup sont endémiques. En plus de la savane, le paysage se caractérise aussi par des forêts de montagne impénétrables et des broussailles. La diversité des orchidées est également impressionnante.

## Salto Ángel

Le Salto Ángel doit son nom à son découvreur, Jimmy Angel, un aviateur américain qui l'aperçut en 1933 alors qu'il prospectait des filons d'or. Subjugué devant tant de beauté, il est revenu maintes fois admirer « sa » cascade. Au début, les gens à qui il contait ses « histoires d'aventuriers » avaient peine à croire qu'une chute d'eau aussi haute puisse exister. Aujourd'hui, les Vénézuéliens l'appellent à nouveau du nom qui lui avait été donné à l'origine, « Kerepakupai Merú », signifiant « cascade du lieu le plus profond » dans la langue indigène des Pemón. En effet, c'est la population locale qui a découvert la chute d'eau, et non le pilote de brousse. Pourtant, cette merveille de la nature est toujours connue des étrangers sous le nom de Salto Ángel. Bien que la chute d'eau soit située dans une zone difficile d'accès, elle est devenue l'une des attractions touristiques les plus populaires du pays. Comme à l'époque, la région n'est accessible que par voie aérienne, soit par petit avion, soit par hélicoptère.

*Le haut plateau bénéficie d'un microclimat très particulier. Le sol de grès érodé est pauvre en nutriments, ce qui en fait une niche écologique parfaite pour de nombreuses plantes carnivores, comme les Heliamphora (ci-contre).*

*Le Salto Ángel est la plus haute chute d'eau de la planète : découverte en 1910 seulement, elle plonge depuis le sommet de la montagne tabulaire Auyán Tepuy à une profondeur de 978 mètres (grande photo).*

**LOCALISATION** La forêt amazonienne se situe sur 60 % du territoire brésilien environ, huit autres États se partagent le reste du territoire ; la forêt tropicale s'étend donc sur la majeure partie de la moitié nord du continent

**LONGUEUR** 6 992 km

# Fleuve Amazone et forêt tropicale d'Amazonie
## BRÉSIL

De l'eau à perte de vue, parsemée d'une multitude d'îles couvertes de forêts tropicales. Sur le cours inférieur de l'Amazone, on ne peut ignorer que ce fleuve possède le plus grand débit de la planète. Il est même supérieur à celui des sept suivants du classement mondial réunis. Il s'écoule dans de larges méandres et de nombreux bras secondaires à travers la plus grande forêt tropicale de la planète, un paradis naturel qui abrite 2 200 espèces de poissons, 1 300 espèces d'oiseaux et 400 espèces de mammifères, reptiles et amphibiens. Après le confluent du Rio Grande et du Rio Solimões, l'Amazone s'élargit de 4 à 10 kilomètres et se divise en plusieurs bras principaux, s'ouvrant en forme d'entonnoir en raison des mascarets qui se forment à l'embouchure à environ 350 kilomètres de l'océan Atlantique.

*La forêt amazonienne, d'un vert luxuriant, est impénétrable. C'est l'un des plus importants poumons verts de la planète, le taux d'humidité y est très élevé. Son obscurité mystérieuse offre un habitat à des animaux rares.*

*L'Amazone est de loin le fleuve le plus riche en eau de la planète : il déverse en moyenne 180 000 $m^3$ par seconde à son embouchure dans l'Atlantique. Son débit est tel que les navires peuvent parcourir environ 1 500 km depuis l'embouchure de l'Atlantique jusqu'à Manaus, au centre du Brésil.*

14°5'S, 47°40'W

**LOCALISATION** Au nord-est de l'État de Goiás, à environ 50 km à l'est du Lago de Serra da Mesa

**SUPERFICIE** 6 480 km$^2$

**CRÉATION** 1961

Inscrit au patrimoine mondial de l'UNESCO depuis 2001

# Parc national de la Chapada dos Veadeiros
## BRÉSIL

Le Parc national, d'une superficie d'environ 66 000 hectares, s'étend au nord de l'État de Goiás, dans un paysage montagneux qui atteint en moyenne des altitudes entre 1 400 et 1 500 mètres. Le point culminant du parc s'élève jusqu'à 1 800 mètres. Il forme une ligne de partage des eaux et sépare les affluents du Rio Maranhão et du Rio Paraná. Fondé au début des années 1960, le Parc national a été réduit ultérieurement et ne couvre désormais plus qu'un dixième environ de sa zone de protection initiale. Ce paysage montagneux est en grande partie resté à l'état sauvage ; seuls quelques endroits sont aujourd'hui aménagés pour les visiteurs. Ils peuvent se rendre entre autres aux deux cascades du Rio Preto, dont la première mesure environ 80 mètres de haut et s'élargit vers le bas en éventail pour se jeter dans une immense chaudière entourée de rochers abrupts. La deuxième chute, encore plus haute, s'élève à 120 mètres.

*La nature dévoile son élégance sous diverses formes : dans les plumes bifurquées de la queue d'un oiseau tyran, dans les espèces florales aux formes uniques ainsi que dans les bois veloutés du cerf des pampas (ci-contre, de gauche à droite).*

*Le Parc national s'étend sur les parties les plus élevées du Cerrado. De nombreuses espèces animales rares y sont présentes. Au total, 45 espèces de mammifères, plus de 300 espèces d'oiseaux et environ 1 000 espèces de papillons y ont été recensées.*

**LOCALISATION** À la frontière avec l'Argentine, du côté de laquelle le Parc national se poursuit sous le nom d'Iguazú, dans l'État brésilien du Paraná, au sud-ouest de Cascavel

**SUPERFICIE** 1 696,96 km$^2$

**CRÉATION** 1939

Inscrit au patrimoine mondial de l'UNESCO depuis 1986

# Parc national d'Iguazú
## BRÉSIL

Le grondement des chutes d'eau couvre les sifflements, les bourdonnements, les rugissements et les cris en provenance des forêts. Les gigantesques chutes d'Iguazú, à la frontière entre l'Argentine et le Brésil, au milieu de la forêt tropicale, valent le détour. Différents types de végétation y poussent. En outre, le Parc national de près de 1 700 kilomètres carrés, situé du côté brésilien des chutes, offre un refuge à de nombreuses espèces animales et végétales menacées. Nichés dans les arbres, les perroquets et les coccinelles virevoltent, tandis que les martinets creusent leurs nids à même la roche, sous le vent des chutes. Les ocelots et les jaguars côtoient les tapirs, les fourmiliers et les pécaris dans cette forêt tropicale luxuriante. Et dans les eaux agitées, la loutre géante, devenue partout ailleurs une espèce menacée, pêche en famille.

*Au-delà de ses grandes chutes d'eau, le Parc national abrite une faune extrêmement variée, qui apporte une touche de couleur à la forêt tropicale d'un vert luxuriant : ibis rouge, perruche jendaya, babouin à capuchon (haut), raton crabier, Pionus de Maximilien et araçari à oreillons roux (milieu), toucan multicolore (bas).*

*Les chutes d'Iguazú, situées dans le triangle Brésil-Argentine-Paraguay, sont parmi les plus grandes et les plus impressionnantes de la planète. La région a été désignée Parc national tant du côté argentin que du côté brésilien. Depuis le milieu des années 1980, ces parcs et la chute d'eau sont inscrits au patrimoine naturel de l'UNESCO.*

**LOCALISATION** Au nord du pays, département de Magdalena, partie de la réserve de biosphère Sierra Nevada de Santa Marta

**SUPERFICIE** 150 km²

**CRÉATION** 1964



# Parc national naturel de Tayrona
## COLOMBIE

Telle une main géante dont les doigts s'enfonceraient dans l'eau, les derniers contreforts de la Sierra Nevada de Santa Marta s'étendent jusqu'aux plages de la mer des Caraïbes. Entre ces roches recouvertes de verdure se nichent des criques idylliques aux plages de sable blanc comme neige et à l'eau cristalline. Des récifs coralliens et des forêts de mangroves s'étendent tout le long de la côte. Le Parc national Tayrona abrite aussi des forêts tropicales humides et sèches. Le paysage est sculpté par les précipitations, qui contribuent aussi à la diversité du monde animal et végétal. Plus de 400 espèces d'oiseaux vivent ici, du condor des Andes au pic à cou rouge. Des Callicebinae et des Callitrichidés sautent d'un arbre à l'autre. On peut également apercevoir le singe de Liszt, une espèce menacée d'extinction qui ne vit plus à l'état sauvage que dans une petite partie de la Colombie. Ce singe turbulent est extrêmement communicatif : les sons qu'il émet s'apparentent à des gazouillis d'oiseaux.

*Dans ses vieux jours, le compositeur Franz Liszt arborait des cheveux blancs, sublimés par une coupe au carré. La ressemblance avec la crête de ce petit singe de Liszt a inspiré aux biologistes ce nom original.*

*La nature ne cesse de changer, mais la forêt tropicale et les iguanes existaient déjà lorsque la région était encore le territoire tribal des Indiens Tayrona.*

**LOCALISATION** À environ 1 000 km de la côte ouest de l'Équateur

**SUPERFICIE** 140 665,14 km$^2$

**CRÉATION** 1959

Classé réserve de biosphère de l'UNESCO depuis 1984

Inscrit au patrimoine mondial de l'UNESCO depuis 1978

# Parc national des Galápagos
## ÉQUATEUR

L'archipel des Galápagos est né de l'activité volcanique : il compte déjà plus de 100 îles reposant sur une grande chambre magmatique. Quatorze de ces îles sont les sommets d'un ensemble volcanique très actif de la « dorsale des Galápagos », située au croisement de plusieurs plaques tectoniques, les plaques de Nazca et de Cocos. Comme la plaque de Nazca se déplace toujours plus vers l'est, de nouvelles îles se forment à l'ouest. En revanche, les anciennes îles les plus à l'est s'enfoncent sous la plaque et finissent par disparaître dans les eaux abyssales. L'île la plus à l'ouest, et donc la plus récente, est l'île Fernandina. Elle est soumise à une forte activité volcanique. En raison de son origine volcanique, l'archipel des Galápagos n'a jamais eu de contact avec le continent. C'est pourquoi la faune et la flore qui s'y sont développées pendant des millions d'années sans aucune autre influence, sont absolument uniques au monde.

*Le petit lézard n'a pas envie de faire de détour et passe directement sur la patte du lézard marin (grande photo). Ce dernier est endémique des Galápagos, tout comme de nombreuses autres espèces. Petites images (de haut en bas, de gauche à droite) : iguane terrestre des Galápagos, couple de fous à pieds rouges, héron strié, tortue géante des Galápagos, otarie des Galápagos et héron du Canada.*

*Ci-contre : Bartolomé est l'une des plus petites îles de l'archipel et est particulièrement connue pour ses aiguilles rocheuses. Surplombant la mer turquoise, on aperçoit l'île Santiago.*

**LOCALISATION** Est du pays, région d'Ancash

**LONGUEUR** 180 km



# Cordillère blanche
## PÉROU

La Cordillera Blanca – la « chaîne blanche » – doit son nom à la multitude de glaciers qui enveloppent les sommets de glace et de neige. 50 d'entre eux dépassent les 5 700 mètres d'altitude, faisant de cette chaîne de montagnes la plus haute de tout le continent. Les Péruviens n'auraient pas pu choisir une dénomination si joliment opposée car à l'ouest s'étire la Cordillera Negra – la « chaîne de montagnes noires » – et ses pics de roche sombre où la neige ne tombe jamais. Malheureusement, la Cordillera Blanca subit de plein fouet le changement climatique et se transforme à son tour en une chaîne de montagnes noires. Ses glaciers fondent à vue d'œil.

*Les plus hautes montagnes tropicales du monde abritent le plus haut sommet du Pérou, le Huascarán, qui culmine à 6 768 m. La diorite de la Cordillera Blanca est recouverte de neige et de glace (ci-contre).*

*L'imposant paysage montagneux de la Cordillère Huayhuash, qui se dresse juste à côté, met au défi les alpinistes de haut niveau.*

**LOCALISATION** Entre la Cordillère occidentale et orientale, le haut plateau s'étend sur une grande partie de l'ouest de la Bolivie ainsi que sur le Pérou, le Chili et l'Argentine

**SUPERFICIE** 170 000 km²

# Altiplano
## BOLIVIE

L'Altiplano est un paysage de sel, de sable sec du désert, de glace et de montagnes de feu. Ce large plateau s'est formé entre la Cordillère occidentale et la Cordillère orientale. Il s'étend sur une surface d'environ 170 000 kilomètres carrés, ce qui en fait l'un des plus grands hauts plateaux du monde après le Tibet. La région ne possède aucun débouché vers la mer, c'est pourquoi les lacs de cette région ont une particularité : ils sont très salés, car l'eau s'évapore. L'Altiplano se situe à une altitude moyenne de 3 600 mètres. Il bénéficie d'un climat sec à semi-aride, la température moyenne se situe entre 2 et 10 °C, et entre avril et septembre, il peut même y neiger, surtout dans les zones les plus élevées. Il est entouré de volcans stratifiés actifs, offrant des spectacles aussi spectaculaires que des geysers et des sources de vapeur.

*La région a pu se développer car son niveau a considérablement baissé il y a 65 millions d'années, tandis que les Andes ont conservé leur formation d'origine. Aujourd'hui encore, des dépôts de sédiments sont clairement visibles sur les pentes.*

*Les vastes plaines, parsemées de lacs salés et de crêtes, peuvent paraître inhospitalières au premier abord. Pourtant, de grands cactus s'y épanouissent entre les pierres colorées et les lamas y vivent aussi en grand nombre.*

**LOCALISATION** Devant les reliefs de la cordillère Occidentale, à l'extrême sud-ouest du pays, à la frontière du Chili et de l'Argentine

**SUPERFICIE** 7 147 km$^2$

**CRÉATION** 1973



# Réserve nationale de faune andine Eduardo Avaroa

## BOLIVIE

Le paysage ressemble à un tableau vivant de Salvador Dalí. Des pierres, creusées et polies par le vent, sont posées comme par hasard sur le sable orange. Le désert est l'une des principales attractions du Parc national Eduardo Avaroa. La zone protégée porte le nom d'un héros national qui a mis les pieds au Chili pendant la guerre du Pacifique. La réserve, encadrée par les plus hautes montagnes des Andes, abrite des sites touristiques d'exception, comme la laguna Colorada ou la laguna Blanca. La laguna Verde, d'une couleur turquoise presque caribéenne, fait également partie du Parc national, qui abrite les sources chaudes Sol de Manaña. Bien que la région semble à première vue hostile, 80 espèces d'oiseaux et 23 espèces de mammifères se nourrissent des 200 espèces de plantes qui y poussent.

*La laguna Colorada est la plus grande attraction colorée de cette zone protégée, mais Sol de Mañana peut également se parer de mille couleurs, tel un arc-en-ciel vivant. Ce champ de geysers, alimenté par une activité volcanique, offre un spectacle étonnant : cratères de boue bouillonnants, fumerolles aux vapeurs sulfureuses et geysers d'eau.*

**LOCALISATION** Sud du pays, région de Magallanes, province d'Última Esperanza

**SUPERFICIE** 2 420 km$^2$

**CRÉATION** 1959

Classé réserve de biosphère de l'UNESCO depuis 1978



# Parc national Torres del Paine
## CHILI

La plus grande région glaciaire d'Amérique du Sud s'annonce par une rivière tumultueuse. Cette dernière, le Rio Paine, prend sa source dans le lac Dickson et rejoint le lac Paine, où elle se transforme rapidement en un torrent impétueux. Au fil des siècles, elle a poli les rochers ou creusé des rigoles. Elle poursuit sa route puis se jette dans la cascade Paine, dont la beauté fait la joie des randonneurs et des photographes. Les plus chanceux apercevront même un arc-en-ciel. Le fleuve, qui a été baptisé Paine – qui signifie « bleu » dans la langue des autochtones, les Tehuelches –, peut en réalité prendre une couleur turquoise éclatante semblable à un glacier. Par contraste, le buisson de feu brille d'un rouge éclatant lorsqu'il est en pleine floraison au milieu de la végétation arbustive.

## Cerro Paine Grande

Les hautes montagnes majestueuses sont caractéristiques du Parc national Torres del Paine, qui jouxte la zone antarctique à l'extrême sud du Chili. Les pics et formes rocheuses étranges ont été sculptés pendant des milliers d'années par l'écoulement constant des glaciers dans la roche, créant des pentes abruptes et des surplombs impressionnants. Le Cerro Paine Grande change de teinte, passant du bleu ciel au rouge dramatique. Malgré le climat froid et rigoureux qui règne dans cette région, des incendies majeurs dus à des actes de négligence ont occasionné des dégâts considérables dans les zones forestières. En raison du froid, les plantes locales poussent très lentement et la nature met du temps à se rétablir.

*Les premiers rayons du soleil caressent les roches des Cuernos del Paine. Les sombres calottes rocheuses ont été formées par des sédiments poussés à la surface de la terre lors d'éruptions volcaniques primitives (en haut).*

*Des vents glaciaux grondent au-dessus du glacier suspendu Francés. Le célèbre trek « W », qui doit son nom à la forme du sentier vu du ciel, passe à travers toutes les beautés naturelles de la région (en bas).*

**LOCALISATION** Ravin situé au nord-ouest de l'Argentine, près de San Salvador de Jujuy

**SUPERFICIE** 1 721 km²

Inscrit au patrimoine mondial de l'UNESCO depuis 2003

# Quebrada de Humahuaca
## ARGENTINE

Un arc-en-ciel semble s'être formé sur la pierre. Au soleil couchant, les versants des 150 kilomètres de gorges de Humahuaca s'illuminent d'une palette de couleurs allant du jaune citron à l'orange, en passant par le violet, le brun, le beige, le gris et le vert. En été, le Río Grande se fraie un chemin à travers les plis andins inscrits au patrimoine mondial. Il serpente le long de petits villages comme Tilcara et son ancienne forteresse, le Pucará. Depuis des milliers d'années, l'Homme emprunte également ce passage pour se rendre des hauts plateaux aux plaines. À l'ouest des pentes colorées des Andes, Salinas Grandes, un lac salé de plus de 800 kilomètres carrés situé à 3 368 mètres d'altitude, mérite le détour. Composée de minuscules cristaux de sel, cette surface blanche et lumineuse est également praticable en voiture.

*Une nouvelle journée ensoleillée se lève sur le canyon mondialement connu de Quebrada de Humahuaca. Autrefois, la voie commerciale des Incas passait par ce lieu majestueux.*

*Le Cerro de los Siete Colores (« colline aux sept couleurs ») est constitué de différents types de roches. Selon la légende, des enfants se sont échappés de leur lit une nuit pour peindre la montagne (ci-contre).*

**LOCALISATION** Au sud-est de la Terre de Feu

**SUPERFICIE** 630 km²

**CRÉATION** 1960

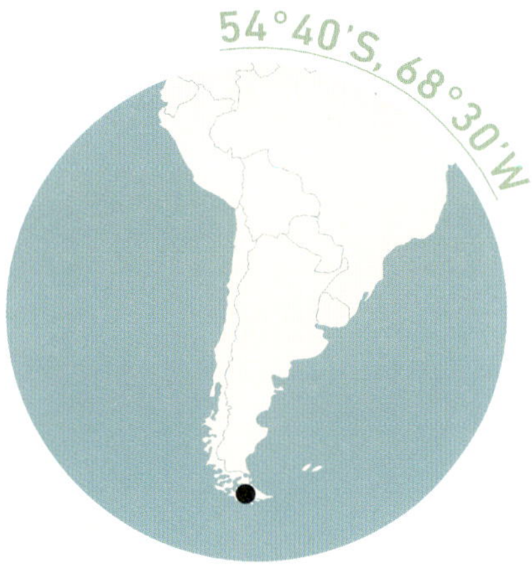


# Parc national Tierra del Fuego
## ARGENTINE

La ville d'Ushuaia n'est pas seulement un point de départ intéressant pour une excursion en bateau le long du canal de Beagle, elle se trouve également à proximité du Parc national le plus austral d'Argentine, dont la beauté silencieuse peut être admirée à bord du « train du bout du monde » (« Tren del Fin del Mundo »). Les tourbières, les lacs comme le Lago Roca, la Bahía Lapataia, qui s'ouvrent à l'intérieur du parc depuis le canal Beagle, ou les contreforts andins comme le Cerro Guanaco incitent à la randonnée solitaire, aux excursions en VTT ou au canoë sur un terrain bien aménagé, surtout au sud-ouest. Une particularité du Parc réside dans les vestiges d'une colonie pénitentiaire britannique, établie à la fin du XIXe siècle et qui a perduré jusqu'en 1941.

*La pittoresque baie Ensenada est un véritable havre de paix aussi bien pour les visiteurs du parc que pour les phoques (ci-contre). Les arméries (ci-dessus) y poussent allègrement.*

**LOCALISATION** Pointe la plus septentrionale du continent antarctique, entre le cap Adams et une section au sud des îles Eklund

**LONGUEUR** 1 200 km

# Péninsule antarctique
## ANTARCTIQUE

Nul endroit au monde n'est plus isolé, plus inaccessible et plus solitaire que le continent austral. Pourtant, ses glaces éternelles attirent non seulement les chercheurs, mais également les touristes. La plupart s'approchent du continent antarctique en bateau, depuis la pointe méridionale de l'Amérique du Sud, en traversant le passage de Drake, redoutable bras de mer de 1 200 kilomètres de long. C'est le passage le plus accessible pour rejoindre la péninsule antarctique. Celle-ci s'étend au nord au-delà du 65e degré de latitude et offre un paysage fascinant où se nichent des fjords, baies et détroits, comme le détroit de Gerlache. C'est dans le canal Lemaire, également connu sous le nom de « passage Kodak », que la péninsule est la plus photogénique : seuls les clics des appareils photo résonnent dans le silence immaculé. Ce détroit d'environ 6 kilomètres de long s'étend du continent à l'île Booth, dont les montagnes culminent à près de 1 000 mètres.

*Les manchots Adélie (ci-contre) n'ont probablement pas conscience de la beauté qui les entoure, mais les visiteurs qui foulent cette terre éloignée s'inclinent devant le charme de la péninsule antarctique.*

# ASIE

**LOCALISATION** District de Qobustan au nord-est de l'Azerbaïdjan, près de la mer Caspienne

**CRÉATION** 2001

# Territoire protégé des volcans de boue de Gobustan
## AZERBAÏDJAN

Tous les volcans ne crachent pas du feu rougeoyant, certains se contentent de boue saturée d'eau. Près d'un tiers des quelque 1 100 volcans de boue actifs connus dans le monde se trouvent au bord de la mer Caspienne, sur la péninsule d'Absheron en Azerbaïdjan. À intervalles réguliers, ces quelque 300 cônes éclatent, projetant parfois des centaines de milliers de kilomètres cubes de boue dans le paysage aride. Les chercheurs comparent ce morceau de terre à la planète Mars, dont la surface du sol est marquée en de nombreux endroits par des traces de coulées de boue. Certains volcans d'Azerbaïdjan possèdent également des fontaines de feu, dues à la présence de méthane. Comme la boue expulsée contient de l'iode, du brome, du calcium et du magnésium, on lui attribue des vertus curatives qui attirent des flots de touristes désireux de prendre un bain de boue.

*Les volcans de boue sont un territoire hostile tant pour les animaux que pour les plantes. L'agame du Caucase y a cependant trouvé une niche pour survivre (en haut, à droite).*

*Environ 200 éruptions ont été enregistrées depuis 1810. L'apparition de volcans de boue indique généralement la présence de riches gisements de pétrole sous terre.*

**LOCALISATION** Cappadoce, au centre de la Turquie

**SUPERFICIE** 95,72 km$^2$

Inscrit au patrimoine mondial de l'UNESCO depuis 1985



# Parc national de Göreme
## TURQUIE

Ce paysage n'est pas l'œuvre de l'architecte espagnol Gaudí : ces tours, cheminées et roches en forme de champignons ont été façonnées par la nature. Les volcans ont joué le rôle de bâtisseurs et ont empilé le tuf millénaire après millénaire, tandis que le vent et l'eau ont été de véritables tailleurs de pierre. Seules les couches de roches les plus dures ont résisté à l'érosion, donnant naissance aux célèbres formations rocheuses, appelées cheminées de fées. Les communautés chrétiennes d'Anatolie y trouvèrent refuge à partir du VIIIe siècle quand la guerre des icônes faisait rage dans l'Empire byzantin. Elles ont creusé la roche de tuf tendre et ont construit des couloirs, des chambres et des églises entières. Göreme est le centre du Parc national du même nom et, de toutes les vallées, c'est celle qui est la mieux desservie, mais aussi la plus touristique. Ceux qui aspirent à plus d'isolement se rendront plutôt dans les vallées secondaires.

*Construites à partir de roche de tuf, les habitations restent fraîches en été et sont protégées du froid hivernal. Certaines grottes ont été transformées en chambres d'hôtel.*

*De violentes éruptions volcaniques ont recouvert de tuf le plateau de Nevsehir, en Cappadoce. L'érosion de cette roche par le vent et la pluie a créé un paysage surréaliste composé de cônes rocheux en forme de champignons et de pyramides.*

**LOCALISATION** À l'est d'Israël, limitrophe de la Jordanie

**SUPERFICIE** 810 km²

# Mer Morte
## ISRAËL



La mer Morte, dépourvue de tout écoulement, est la dépression visible la plus profonde de la croûte terrestre. Elle se situe à 417 mètres sous le niveau des océans. Il y a encore une vingtaine d'années, la mer était composée d'une grande partie nord et d'une petite partie sud, séparée par une vaste bande de terre, la péninsule de Lisan. Le niveau de la mer s'est depuis abaissé de manière si spectaculaire que seule demeure la mer au nord, d'une superficie d'environ 800 kilomètres carrés, d'une profondeur moyenne de 120 mètres et d'une circonférence de 135 kilomètres. Ce phénomène s'explique par l'augmentation des prélèvements d'eau dans le fleuve Jourdain. Israël et la Jordanie ont un besoin urgent d'eau pour l'irrigation, l'industrie, mais surtout pour s'approvisionner en eau potable. Cependant, comme l'évaporation reste élevée alors que l'apport en eau diminue, la mer Morte s'assèche inexorablement. Depuis les années 1980, le niveau de la mer baisse d'environ un mètre par an.

*La mer Morte est alimentée par le fleuve Jourdain en eau douce, qui se salinise ensuite par évaporation. L'eau s'accumule dans des dépressions naturelles face à la mer Morte. Elle s'évapore sous l'effet du fort ensoleillement, laissant derrière elle une épaisse croûte de sel.*

**LOCALISATION** Au sud de la Jordanie, à la frontière avec l'Arabie saoudite

**SUPERFICIE** 740 km$^2$

Inscrit au patrimoine mondial de l'UNESCO depuis 2011

# Zone protégée du Wadi Rum
## JORDANIE

Situé sur un plateau de grès, le Wadi Rum s'est formé il y a environ 30 millions d'années à la suite d'une faille géologique majeure qui a ouvert des perspectives sur des canyons étroits et qui a isolé certaines montagnes. Au cours de millions d'années, l'érosion a créé un paysage désertique très spectaculaire, avec des canyons, des arches naturelles, des falaises, des rampes et des grottes. Les montagnes qui entourent le Wadi Rum sont constituées de granit et de grès variant du noir au jaune clair avec une prédominance de rouge. Les endroits les plus étroits de la vallée désertique dissimulent de nombreuses sources, et pour cause : l'eau de pluie des précipitations hivernales traverse le grès poreux, se heurte au granit impénétrable et s'écoule le long de la pente, où les sources jaillissent souvent à des dizaines de mètres au-dessus du fond de la vallée.

*Les nombreuses sources du Wadi Rum expliquent la colonisation précoce de la vallée, probablement dès la période néolithique (de 10 000 à 6 000 av. J.-C.). Le Wadi Rum est surtout devenu célèbre grâce aux récits de Lawrence d'Arabie, qui écrit dans* Les Sept piliers de la sagesse *: « Nous ressentions à la fois de l'angoisse et de la honte de nous imposer, en toute légèreté, au milieu de ces gigantesques montagnes. »*

**LOCALISATION** Les montagnes du Pamir appartiennent au Kirghizistan, à la Chine, à l'Afghanistan et au Tadjikistan
**SUPERFICIE** 120 000 km²



# Montagnes de Pamir
## TADJIKISTAN

La deuxième plus haute chaîne de montagnes du monde se trouve sur le territoire de quatre pays (Kirghizistan, Chine, Afghanistan, Tadjikistan) et fait partie, comme l'Himalaya, du « Toit du Monde ». Mais par rapport à ce dernier, elle est encore peu développée sur le plan touristique. Le Pamir, point de jonction des trois plus hautes chaînes de montagnes du monde (Tian Shan, Karakorum, Kunlun Shan et Hindou Koush), abrite le plus long glacier du monde en dehors des régions polaires. Les montagnes du Pamir sont géologiquement très actives. Il y a environ cent ans, un tremblement de terre a donné naissance au lac Sarez, aux eaux d'un bleu profond. Un énorme éboulement a enseveli le village d'Usoi et englouti la vallée. Le plus grand lac du Pamir, le lac Karakul, est né il y a environ 5 millions d'années par l'impact d'une météorite. Malgré les variations extrêmes de température entre le jour et la nuit et entre les saisons, le Pamir abrite une riche flore alpine d'origine centrasiatique.

*Dans la région du Pamir, les eaux cristallines, en partie alimentées par les glaciers sur lesquels se reflète le bleu du ciel, offrent un contraste saisissant avec les roches brunes et grises déchiquetées du massif montagneux escarpé.*

**LOCALISATION** Au sud de la Mongolie, dans la province d'Ömnögovi

**SUPERFICIE** 27 000 km²

**CRÉATION** 1993

# Parc national de Gobi Gurvan Saikhan
## MONGOLIE

Khongoryn Els est sans doute le site le plus spectaculaire du désert de Gobi et fait partie du Parc national de Gobi Gurvan Saikhan. Il possède non seulement les plus grandes dunes de Mongolie, mais est également connu pour ses « dunes chantantes ». Lorsque le vent souffle sur la crête à un angle précis, le sable émet un sifflement d'orgue audible à des kilomètres à la ronde. Comme le vent souffle toujours du nord au sud, les dunes de sable atteignent jusqu'à 300 mètres de haut. Quiconque a tenté de gravir une dune reconnaît les prouesses des chameaux, moyens de transport éprouvés sur le sable. Au nord, parallèlement aux dunes linéaires, une végétation luxuriante s'est développée, délimitée par la rivière Khongoriin Gol. Celle-ci s'écoule le long des dunes de sable, formant une oasis au milieu du paysage aride. Sa source est souterraine.

*Khongoryn Els est un champ de dunes de 80 km de long situé dans une vallée étroite du massif des Altaï-Saïan. Les températures sont comprises entre - 15 °C en janvier et 20 °C en juillet. Les plus grandes dunes peuvent atteindre plus de 300 m de haut.*

**LOCALISATION** La partie chinoise de la chaîne de montagnes se trouve au nord-ouest de la région autonome du Xinjiang

**SUPERFICIE** 6 068,33 km²

Inscrit au patrimoine mondial de l'UNESCO depuis 2013



# Tian Shan
## CHINE

Cet endroit abritait autrefois un gigantesque océan dans les contreforts nord des monts Tianshan. En effet, le canyon de Kuitun, situé à proximité des villes de Dushanzi et de Wusu, n'a pas été affouillé par des rivières comme tant d'autres canyons importants partout ailleurs dans le monde. Le canyon de Kuitun fait partie du site du patrimoine mondial « Tian Shan » et se compose exclusivement de sable et de gravier provenant d'un fond marin qui a été érodé pendant des millions d'années pour former un paysage montagneux aux multiples fissures et sillons. Les processus géologiques et les plissements ont fini de donner au canyon son aspect particulier. Cet immense système de gorges est traversé par de nombreux ruisseaux et rivières issus du Tian Shan, dont les cours d'eau varient en fonction de la saison et des précipitations.

*Au printemps, les eaux du canyon de Kuitun enflent et se déversent dans les profondes crevasses de ses parois rocheuses. Rares sont ceux qui restent indifférents face au spectacle grandiose qu'offre ce canyon. Il est bordé de plateaux rocheux dans lesquels se sont formés d'innombrables sillons et incisions.*

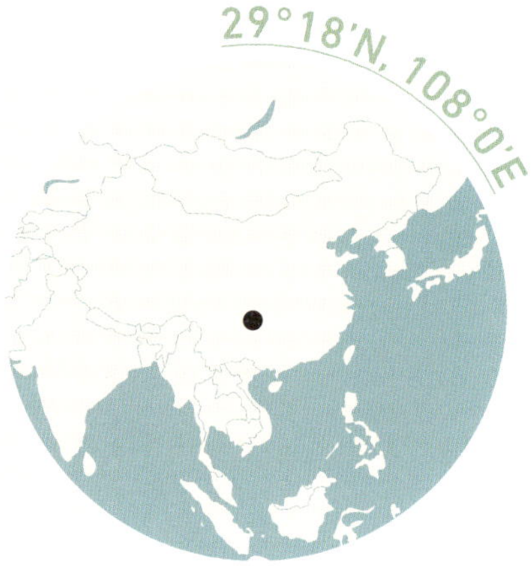


**LOCALISATION** Situé au centre-sud de Chongqing, partie du paysage karstique du sud de la Chine

Inscrit au patrimoine mondial de l'UNESCO depuis 2007

# Parc national de Wulong
## CHINE

Dans le sud tropical de la Chine, les réactions de l'acide carbonique et l'érosion intensive ont créé des reliefs fantastiques, appelées karsts. Le Parc national inscrit au patrimoine mondial se compose de plusieurs sites, tels que la forêt de pierres à Shilin près de Kunming, les karsts coniques à Libo près de Guiyang et le parc Wulong près de Chongqing. Ce dernier parc paysager abrite une zone connue sous le nom de « Trois ponts naturels ». Ces ponts de pierre et les formations rocheuses qui les entourent sont tous nés de l'érosion du karst, et leur durabilité est impressionnante. En chinois, les ponts portent le nom de dragons : Tianlong (Dragon céleste), Qinglong (Dragon d'azur) et Heilong (Dragon noir). Entre eux sont dissimulés des canyons, des grottes et des cascades.

*Aucune vue ne ressemble ici à une autre, mais les formations karstiques ont toutes un point commun : elles sont impressionnantes, tantôt recouvertes de verdure tantôt formant des portes verdoyantes. L'eau ne connaît pas la peur, fort heureusement ! Sans doute serait-elle sinon effrayée de se jeter à une profondeur de 80 m depuis des arêtes rocheuses et de dévaler des gorges étroites à toute vitesse.*

*La couleuvre de jade (ci-dessus) aux couleurs chatoyantes ne passe pas inaperçue, mais elle compense ce handicap par la rapidité à laquelle elle se déplace.*

**LOCALISATION** Directement au nord de la ville de Zhangjiajie, au nord-ouest du Hunan, partie du Zhangjiajie Global Geopark

**SUPERFICIE** 264 km²

Inscrit au patrimoine mondial de l'UNESCO depuis 1992



# Parc national de Wulingyuan
## CHINE

Les sommets, dispersés entre les deux régions de Zhangjiajie et Tianzi Shan et le long des rives du Jinbianxi, ont été formés à partir d'une couche de sédiments de 500 mètres d'épaisseur par l'érosion. Les vallées qui les séparent sont si étroites qu'aucune agriculture ne peut y être pratiquée. C'est pourquoi cette région de la province du Hunan, dans le sud-est de la Chine, est restée largement inhabitée. Le paysage est dominé par d'incroyables pics de grès portant des noms de fleurs. Toute la zone est couverte d'une végétation dense et traversée par des cours d'eau. La flore y est très riche et compte près de 3 000 espèces végétales, bénéficiant d'une forte teneur en humidité. Parmi les autres caractéristiques particulières de ce paysage figurent également deux ponts naturels. L'un, long de 26 mètres, culmine à environ 100 mètres au-dessus du fond de la vallée ; le pont le plus spectaculaire atteint même 40 mètres de long et est suspendu à environ 350 mètres.

*« Mystique » sied à merveille à l'impression que produisent les formations de grès et de karst d'un vert sombre, surtout lorsque la brume épaisse s'attarde à leurs pieds.*

*Les colonnes s'élèvent tels des géants solitaires, figés dans la pierre pour l'éternité. Des macaques rhésus ont élu domicile entre les rochers (ci-dessus).*

**LOCALISATION** Au centre-ouest de la province du Gansu ; à l'est du parc se trouve la ville de Zhangye
**SUPERFICIE** 322 km$^2$
**CRÉATION** 2012

# Parc géologique national de Zhangye Danxia
## CHINE

Certains paysages semblent tellement irréels qu'on a l'impression que l'homme les a façonnés lui-même. Dans le parc géologique de Zhangye-Danxia, cette impression est renforcée lorsque s'ouvre devant nous une étendue de versants arc-en-ciel qui semblent avoir été peints à l'aide de crayons pastel géants. Mais ces couleurs sont bien d'origine naturelle. Pendant des millions d'années, le grès autrefois rouge s'est érodé, mettant à nu les couches de terre sous-jacentes. Le climat désertique, le gel et le vent ont sculpté la forme très particulière de ce paysage. Telles les lignes parfaites d'un dessin, les couches de sédiments décolorés s'étendent sur des kilomètres à la ronde. Des bus font la navette entre les différents sites touristiques.

*« Montagnes arc-en-ciel » : tel est le nom donné à ces formations rocheuses multicolores dans le parc géologique de Zhangye Danxia. Elles offrent une palette de couleurs qui, à première vue, semblent artificielles.*

*Ce parc est connu dans le monde entier, non pas parce que tout le monde s'intéresse à la formation géologique, mais parce que les roches colorées sont tout simplement fascinantes.*

**LOCALISATION** À l'est de la Corée du Sud, dans la province de Gyeongsangbuk-do ; la ville la plus proche est Gyeongju

**SUPERFICIE** 138 km$^2$

**CRÉATION** 1968

Inscrit au patrimoine mondial de l'UNESCO depuis 2000

# Parc national de Gyeongju
## CORÉE DU SUD

De magnifiques paysages sauvages côtoient des trésors culturels ancestraux dans le Parc national de Gyeongju. L'unique Parc national historique de Corée comblera les amoureux de la nature et de la culture. Les immenses portes en bois peintes du temple de Mangwolsa sont impressionnantes : un serpent-tigre venimeux est sculpté à même la pierre de granit, aux côtés de figures de bouddha. Le célèbre temple de Bulguksa, emblème du parc, est érigé depuis près de 1 500 ans, même si aucune pierre ne date de l'ancienne époque de Silla. Parmi les particularités de la nature, on peut citer le pin rouge du Japon qui pousse dans la zone protégée et le canard mandarin qui y a élu domicile. Ce dernier est apprécié comme volaille d'ornement en raison de ses plumes lumineuses.

*À certains moments de la journée, les arbres, comme ces pins sacrés, semblent danser secrètement. La magie opère généralement lorsque les touristes ont déserté les lieux.*

*On peut y croiser la huppe fasciée (ci-dessus), le tamia rayé ou encore des canards mandarins.*

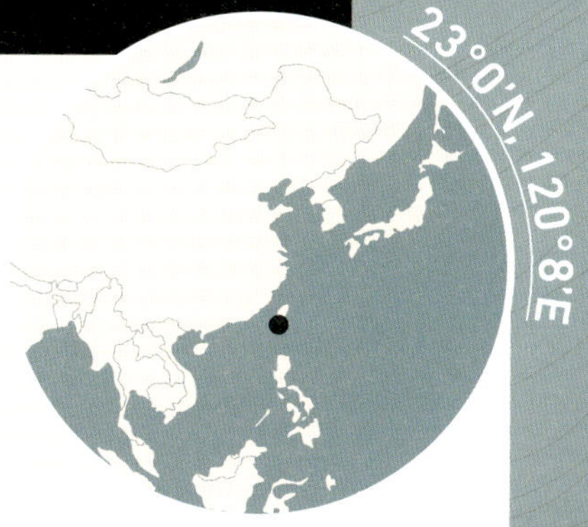


**LOCALISATION** Sur la côte au sud-ouest de l'île de Taïwan ; la ville la plus proche est Tainan

**SUPERFICIE** 393 km²

**CRÉATION** 2009

# Parc national de Taijiang
## TAÏWAN

Le parc englobe 50 kilomètres carrés de terres littorales, soit le bassin versant de Tainan, et 340 kilomètres carrés de mer, comprenant notamment des watts, des lagunes, des marais de mangroves et des zones humides. Outre des poissons et mammifères, des oiseaux comme la rare petite spatule vivent dans les eaux de ce parc. Une réserve est spécialement dédiée à cet oiseau. Les anciens canaux et routes de navigation contribuent à l'attractivité du parc : les visiteurs peuvent partir à la découverte des forêts de mangroves en canoë ou en radeau. Le tunnel vert Sicao, par exemple, était, il y a 200 ans, le premier canal de la ville de Tainan, où se trouve aujourd'hui une partie du Parc national. En déambulant parmi les tunnels d'arbres et de mangroves, les visiteurs croiseront très certainement un crabe violoniste ou un périophtalme, dont la particularité est de vivre hors de l'eau et de sauter sur la vase ou de marcher sur le sable.

*La mangrove de Taijiang est une Amazonie miniature. Les zones humides et les marais de mangrove du parc abritent de nombreux oiseaux comme le martin-pêcheur (grande photo) ou la spatule à front noir et le pluvier (en haut).*

**LOCALISATION** Au centre de Honshū ; le parc comprend le Fujisan, les lacs Fuji, Hakone, la péninsule d'Izu et l'archipel d'Izu

**SUPERFICIE** 1 218 km²

**CRÉATION** 1936



# Parc national de Fuji-Hakone-Izu
## JAPON

Le Fuji n'est pas seulement une montagne sacrée, c'est un Dieu. Il occupe une place toute particulière dans le cœur des Japonais. Quand ils sont tristes, ils regardent le mont Fuji et sont de nouveau heureux. Le Fuji est sans nul doute une montagne miraculeuse. Celui qui le gravit une fois est un sage, dit un proverbe japonais, car comme le volcan est un Dieu, quiconque atteint son sommet enneigé participe à la perfection divine. Chaque année, des centaines de milliers de personnes se rendent en pèlerinage au sommet de cette montagne de 3 776 mètres d'altitude, qui se dresse, majestueuse, sur l'île de Honshu. Personne n'ose lui faire concurrence, aucune autre montagne n'ose s'en approcher. Les pèlerins n'expriment pourtant aucune manifestation de vénération, plutôt un immense sentiment d'accomplissement. La saison de randonnée officielle commence le 1er juillet et ne dure que deux mois. En cette période, tous les randonneurs, chevronnés et amateurs, veulent se lancer dans l'ascension de la montagne. Le mont Fuji fait partie du Parc national de Fuji-Hakone-Izu.

*Aujourd'hui, le stratovolcan est autant un lieu spirituel qu'une attraction touristique de masse. On oublie souvent que le mont Fuji est toujours en activité et qu'il peut entrer en éruption à tout moment.*

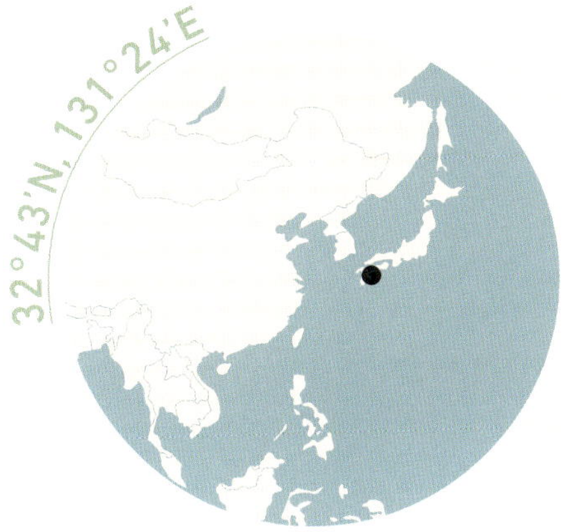


**LOCALISATION** Dans la chaîne de montagnes Sobo-Katamuki-Okue sur Kyūshū

**SUPERFICIE** 2 436 km$^2$

Classé réserve de biosphère de l'UNESCO depuis 2017

# Réserve de biosphère Sobo, Katamuki et Okue
## JAPON

De la forêt, de la forêt et encore de la forêt. Nommée réserve de biosphère en 2017 seulement, la région entourant les trois monts Sobo, Katamuki et Okue est presque entièrement recouverte d'arbres, principalement des hêtres. Plus en altitude, les conifères à feuilles persistantes forment la couverture verte dense vue du ciel, dans laquelle les cerfs sika notamment ont élu domicile. Ce parc est encore peu touristique, mais le réseau de sentiers y est bien développé, propice aux randonnées en solitaire. Avec ses 1 756 mètres, le Sobo est le plus haut sommet de la réserve. Okue offre un paysage exaltant. La région a été reconnue Réserve de biosphère afin de renforcer l'interaction entre l'Homme, la nature et l'artisanat, qui consiste notamment en la culture traditionnelle de champignons shiitake, l'exploitation forestière et l'extraction du charbon.

*Les chutes d'eau de Manai (grande photo) dans les gorges de Takachiho font 17 m de haut. Le contraste entre la chute d'eau et les pentes couvertes de végétation est saisissant.*

*L'eau des gorges de Takachiho serpente à travers les fissures étroites et sur les rochers recouverts de mousse (ci-dessus).*

**LOCALISATION** Bordée à l'ouest par les montagnes de l'Hindou Koush et au sud par l'Himalaya, la chaîne du Karakorum s'étend sur les frontières partiellement contestées du Pakistan, de l'Inde et de la Chine

# Karakorum
## PAKISTAN

Il y a 1 500 ans, le pèlerin chinois Faxian s'est battu dans les profondeurs et hauteurs abyssales de l'Himalaya à la recherche de sanctuaires bouddhistes. Un jour, il a atterri au Karakorum et s'est figé de terreur et de respect. Les montagnes, écrira-t-il plus tard, sont ici « un mur de pierre qui s'élève de l'Indus à 10 000 pieds ». Aujourd'hui encore, les touristes restent immobiles face au Karakorum, qui s'élève subitement à 5 500 mètres au-dessus de la plaine, telle une forteresse couronnée par le K2, le deuxième plus haut sommet de la planète. C'est ici que l'Himalaya dévoile son visage le plus rude et les hommes sont subjugués par sa nature sauvage. C'est un monde à part, longtemps tenu à l'écart de la civilisation – si longtemps que les habitants auraient offert du foin pour nourrir les premiers hommes arrivés en Jeep dans le Karakorum.

*Si vous empruntez le long sentier menant au sommet du K2, vous passerez probablement par ce paysage d'éboulis enneigé. Connu sous le nom d'Ali Camp, il se trouve juste à l'entrée du col de Gondogoro (ci-contre). Le Laila Peak (ci-dessus) mérite également le détour.*

**LOCALISATION** Au nord-ouest du pays ; le Parc national jouxte le Tibet au nord

**SUPERFICIE** 1 148 km²

**CRÉATION** 1976

Inscrit au patrimoine mondial de l'UNESCO depuis 1979

www.dnpwc.gov.np

# Parc national de Sagarmatha

## NÉPAL

La région située au pied du mont Everest (8 848 mètres), une zone de trekking très appréciée, abrite une flore et une faune fascinantes typiques de l'Himalaya oriental. Mais le trekking et l'infrastructure nécessaire à sa pratique ont occasionné des problèmes. Afin de stabiliser l'équilibre écologique du mont Everest, la région a été désignée Parc national en 1976. Les Népalais surnomment la plus haute montagne du monde Sagarmatha, « Roi du ciel », tandis que les Tibétains l'appellent Chomolungma, « déesse-mère ». Avec trois sommets de 8 000 mètres – le mont Everest, le Lhotse et le Cho Oyu – ainsi que d'autres sommets de 6 000 et 7 000 mètres, la région entourant le parc national de Sagarmatha est la région montagneuse la plus haute de la planète. Ce n'est pas seulement la hauteur qui procure une impression de puissance. Le Parc national est peuplé de 30 espèces de mammifères, et malgré toutes les légendes, aucun yéti n'y a encore été aperçu.

*Les versants sud des géants montagneux sont enneigés presque toute l'année, à l'exception d'un court moment en été. C'est à ce moment-là qu'éclot une flore variée très appréciée des animaux sauvages.*

*L'Everest est à gauche et le Nuptse, qui culmine à 7 861 m, se trouve sur la droite. La vue est encore plus spectaculaire depuis le Kala Pattar (5 545 m), qui peut être escaladé depuis le camp de base (ci-contre).*

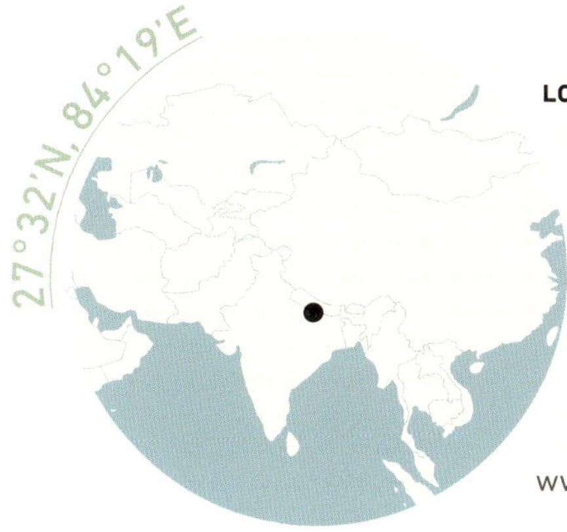


**LOCALISATION** Situé dans le sud du Népal, à environ cinq heures de route de Katmandou ; autour de cette destination touristique populaire sont construits en pleine jungle des lodges et des hôtels

**SUPERFICIE** 932 km²

**CRÉATION** 1973

Inscrit au patrimoine mondial de l'UNESCO depuis 1984

www.chitwannationalpark.gov.np



# Parc national de Chitwan
## NÉPAL

Le plus ancien Parc national du Népal, avec ses forêts de sel et ses vastes étendues d'herbe à éléphants, abrite de nombreuses espèces d'animaux menacés. 400 rhinocéros indiens vivent ici. Un animal adulte mange deux quintaux d'herbe et boit jusqu'à 100 litres d'eau par jour. On peut également observer un groupe de 200 léopards et 80 tigres courant à travers les hautes herbes. Le Parc national doit son existence au roi Mahendra, qui a créé en 1962 un sanctuaire pour l'espèce menacée des rhinocéros indiens. La Réserve a été déclarée Parc national en 1973. Parmi les espèces de gibier souvent rencontrées, on trouve des cerfs sambar et axis, des antilopes tétracères, des sangliers, des ours lippus, des bovins sauvages (gaurs) et des singes rhésus. Les cimes des arbres sont peuplées de langurs. Au crépuscule, les mangoustes et les blaireaux partent en chasse.

*Son inertie est trompeuse : le rhinocéros indien a beau peser 2 tonnes, il peut courir jusqu'à 45 km/h lorsqu'il se met en colère. Il ne faut en aucun cas s'en approcher !*

*La nuit, la parc résonne du hurlement des chacals dorés. Les zones ouvertes abritent aussi des varans du Bengale. Les tigres sont plutôt rares, mais les cerfs sont présents en plus grand nombre.*

*Dans les rivières du parc somnolent les crocodiles des marais et les gavials du Gange avec leurs remarquables longues mâchoires (ci-dessus). Ces derniers ont toujours eu la vie dure – leurs œufs sont considérés comme des mets délicats. Ils étaient chassés pour leur peau et certaines parties de leur corps étaient utilisées en médecine naturelle.*

**LOCALISATION** Au centre-est du Jammu Cachemire, dans la région du Ladakh

**SUPERFICIE** 4 400 km$^2$

**CRÉATION** 1981

# Parc national de Hemis
## INDE

Tous les douze ans, le monastère bouddhiste de Hemis accueille un festival coloré et joyeux : les Tibétains célèbrent l'année du singe, signe avant-coureur d'un destin particulièrement heureux. Le monastère compte parmi les plus anciens et les plus grands des environs. Il est entouré du Parc national du même nom et se trouve à environ 40 kilomètres de la ville de Leh, au Ladakh. Situé à plus de 3 000 mètres d'altitude, ce parc abrite une faune riche, notamment les rares léopards des neiges, dont on estime qu'une cinquantaine vivent ici. Les forêts de pins s'accommodent très bien aux conditions climatiques arides de la région et, combinées aux formations rocheuses majestueuses, aux gorges et aux cours d'eau, elles ramènent les visiteurs à un monde primitif, loin du confort de la civilisation.

*Petite tête, plumes hirsutes sur la nuque et ailes largement déployées : le gypaète barbu s'élance dans les airs, un matin d'hiver. Il surplombe des sommets déchiquetés et des cours d'eau couleur turquoise.*

*Les chèvres (ci-contre à droite) et les moutons des steppes (ci-dessus), menacés d'extinction, semblent s'accommoder de cette vie austère.*

**LOCALISATION** Tout à l'est du Rajasthan

**SUPERFICIE** 282 km$^2$

**CRÉATION** 1980

# Parc national de Ranthambore
## INDE

Dans les profondeurs insondables des yeux d'un tigre royal, également appelé tigre du Bengale, le temps s'arrête. Lorsqu'un homme et un tigre tombent nez à nez, les secondes s'égrènent interminablement et une question insaisissable se pose, dont seul le tigre semble connaître la réponse. Le tigre royal est un fauve, peut-être le plus noble d'entre eux. D'une élégance sublime, il évolue dans une zone protégée des braconniers, d'une superficie de près de 300 kilomètres carrés, où il peut être observé dans son milieu naturel. La déforestation et l'expansion générale de l'homme ont minimisé son habitat naturel, ce qui le rend dépendant de zones protégées comme Ranthambore. D'autres prédateurs, comme les ours lippus, les chacals dorés et les blaireaux, y côtoient des proies potentielles, comme les antilopes tétracères, les cerfs sambars ou les gazelles indiennes.

*Une aura mystique entoure le tigre royal, qu'il bâille ou qu'il soit avec ses petits.*

**LOCALISATION** Au sud-est du Sri Lanka, la ville la plus proche est Tissamaharama

**SUPERFICIE** 1 500 km²

**CRÉATION** 1938

# Parc national de Yala
## SRI LANKA

Yala a été déclaré Parc national dès 1938, c'est le plus ancien de l'État insulaire. Mais dès 1899, la région du sud-est du Sri Lanka a obtenu un statut de protection, dont bénéficient aujourd'hui les deux zones Yala West et Yala East. À l'époque, elle était connue sous le nom de Ruhuna, car elle se trouvait sur le territoire du royaume portant le même nom. La région est traversée encore aujourd'hui par des paysages de savane qui abritent une multitude d'animaux. Les léopards et les éléphants du Sri Lanka, les ours lippus ainsi que le langur gris, une espèce de singe élancé, comptent parmi les représentants les plus spectaculaires de la faune, mais le paon bleu au plumage coloré leur vole la vedette.

*L'habitat naturel du buffle d'eau se compose de prairies sur des cours d'eau et des marais, où il se nourrit de plantes riveraines. Il vit en troupeaux composés d'un taureau, de plusieurs vaches et de leurs veaux.*

*La faune du parc est variée : crocodile dévorant un buffle d'eau, cerfs axis, loriot à capuchon noir et varan malais femelle avec son petit.*

**LOCALISATION** Dans le Mékong, nord-est de la Thaïlande, province d'Ubon Ratchathani

# Sam Phan Bok
## THAÏLANDE

Le Sam Phan Bok semble venir d'une autre planète. Tel un véritable artiste, le Mékong a sculpté et poli les roches calcaires, créant un paysage extraordinaire de crevasses, de formations en grès et de canyons étonnamment profonds. Il a ciselé, fraisé des trous ronds, poli les angles et percé certains rochers de magnifiques trous, créant de somptueux jeux de couleurs et de lumières. Turquoise ou presque noires, les couleurs des petites mares sont souvent exceptionnelles. Et dans nombre d'entre elles s'est constituée une nouvelle vie, sous la forme de lentilles d'eau de couleur verte, apportant une dernière touche de couleur. Les tons orangés et les roches polies du parc rappellent les canyons de l'ouest des États-Unis, ce qui lui doit le surnom de « Grand Canyon de Thaïlande ».

*Le puissant Mékong a creusé plus de 3 000 trous dans les rochers de Sam Phan Bok, certains minuscules, d'autres aussi grands que des étangs. Les touristes assistent à un véritable festival de couleurs chatoyantes, mais le site ne peut être visité que pendant la saison sèche, de janvier à avril. Le reste de l'année, ce paysage merveilleux est entièrement immergé sous l'eau et la zone est donc inaccessible.*

**LOCALISATION** Dans la mer d'Andaman, au large de la côte sud-ouest de la Thaïlande, province de Phang Nga

**SUPERFICIE** 140 km²

**CRÉATION** 1982

# Parc national Mu Ko Similan THAÏLANDE

Tel un collier de perles, les neuf îles des Similan sont situées à 70 kilomètres de la côte ouest de la Thaïlande, dans la mer d'Andaman. Pour plus de simplification, elles ont été numérotées de 1 à 9, du nord au sud. Avec deux autres îles, elles forment le Parc national Mu Ko Similan, qui appartient à la province de Phang Nga. Cet archipel est un spot de rêve pour les amateurs de plongée et de snorkeling, qui ont une vue spectaculaire entre 18 et 25 mètres, voire parfois plus de 40 mètres sous l'eau. Les sites de plongée situés à l'ouest des îles sont ouverts sur la mer, ceux à l'est sont bordés de récifs coralliens. Les îles Similan sont le refuge des requins-baleines, raies, requins gris de récif et raies mantas. Sur terre s'étirent des plages de rêve au sable blanc et fin. Les formations rocheuses caractéristiques de la région, qui s'élèvent jusqu'à 200 mètres de haut, semblent avoir été empilées par une main de géant.

*Les îles Similan sont l'endroit idéal pour partir à la découverte du monde sous-marin : les sites de plongée du Parc national de Mu Ko Similan comptent parmi les plus beaux sites au monde.*

*Dans ce paradis sous-marin, les plongeurs peuvent tomber nez à nez avec le vivaneau à raies bleues, le poisson-papillon à collier, le ptérois à antennes, le triptérygion strié, la crevette crinoïde, ainsi que de magnifiques coraux multicolores (petites photos, en partant du haut à gauche dans le sens des aiguilles d'une montre).*

**LOCALISATION** Dans la mer d'Andaman, au sud de la Thaïlande, province de Phang-nga

**SUPERFICIE** 401 km²

**CRÉATION** 1981

# Parc national d'Ao Phang-nga
## THAÏLANDE

La baie de Phang-nga est parsemée d'étranges îlots, cônes et pyramides, qui émergent de l'eau tels des dos de dragons préhistoriques : il s'agit en réalité des reliefs visibles d'un récif calcaire formé il y a plus de 100 millions d'années dans la mer d'Andaman, qui s'étendait autrefois du nord de la Malaisie jusqu'au centre de la Chine. En 1981, une zone d'environ 400 kilomètres carrés a été déclarée Parc national d'Ao Phang-nga. L'objectif est également de protéger les mangroves de la partie nord de la baie, les plus grandes de toute la Thaïlande. Khao Tapu, « Nail Island », compte parmi les formations rocheuses les plus connues : selon la légende, il s'agit de la moitié d'une aiguille qui atterrissait toujours dans le filet d'un pêcheur furieux, au lieu de la prise qu'il espérait tant. De nombreuses îles sont traversées par des grottes karstiques qui pourraient avoir servi d'abris à l'époque préhistorique.

*La baie, longue et large d'une cinquantaine de kilomètres, ne présente pas de courants dangereux, sauf vers le sud où elle s'ouvre sur la mer. Aujourd'hui, la « baie de James Bond » au nord de Phuket est toujours aussi belle, mais elle n'est plus aussi secrète qu'à l'époque de Roger Moore (ci-contre).*

**LOCALISATION** Au nord du Vietnam, à la frontière avec la Chine, province de Cao Bang



# Chutes de Ban Gioc
## VIETNAM

Situées à la frontière avec la Chine, les chutes de Detian, au nord du Vietnam, font partie d'une longue liste de chutes transfrontalières. C'est la quatrième plus grande chute transnationale au monde après les chutes d'Iguazú, les chutes Victoria et les chutes du Niagara. La rivière Quy Xuan tombe en cascade sur une largeur de 300 mètres et 53 mètres de profondeur. Pendant la saison des pluies, de mai à septembre, le débit d'eau est si fort qu'il produit une épaisse brume cachant les chutes derrière un épais voile blanc. Le reste du temps, l'eau s'écoule en plusieurs cascades. Ces dernières sont entourées de rizières et de hautes collines karstiques, qui font toute la beauté du paysage. À proximité immédiate, côté chinois, s'étend la gorge de Tongling, longue d'environ un kilomètre, qui n'est accessible que par une galerie troglodytique. Ce n'est que récemment que certaines espèces végétales endémiques y ont été découvertes.

*L'eau doit franchir de nombreux paliers avant de se déverser en torrents dans le bassin de Tos. Autour des cascades pousse une forêt tropicale luxuriante qui abrite de nombreuses plantes rares.*

**LOCALISATION** Dans le golfe du Tonkin, province de Quang Ninh au nord du Vietnam

**SUPERFICIE** 1 500 km$^2$

Inscrit au patrimoine mondial de l'UNESCO depuis 1994



# Baie d'Halong
## VIETNAM

Les rochers de la baie d'Halong se caractérisent par une grande diversité de formes : pyramides à large base, aiguilles élancées, en passant par des « dos d'éléphant » très bombés. Les hommes ont moins vu un phénomène naturel qu'un spectacle mythique dans ce paysage insulaire : Ha Long signifie « descente du dragon ». Une légende vietnamienne raconte que, jadis, un énorme dragon aurait façonné ce paysage morcelé en anéantissant une armée ennemie sous les coups de sa puissante queue. L'eau que le dragon a déplacée en plongeant dans la mer s'est répandue dans les sillons. C'est ainsi que naquit le paysage qui compose la merveilleuse baie d'Halong aujourd'hui. L'explication géologique est plus sobre : après la dernière période glaciaire, le paysage côtier appartenant au plateau calcaire du sud-ouest de la Chine s'est affaissé et a été submergé par les eaux. L'érosion a formé des cônes bizarres à partir de la roche.

*Ce paysage insulaire aux formes étranges, situé dans le golfe de Tonking, se compose d'environ 2 000 îlots et rochers calcaires. Le vent, le temps et les marées ont donné naissance à une sublime œuvre d'art naturelle.*

*Les rochers karstiques, qui s'élèvent jusqu'à 100 m au-dessus de l'eau, généralement recouverts d'une végétation dense, rappellent les paysages chinois.*

**LOCALISATION** Centrale sur la côte nord de Bornéo, non loin de la ville éponyme de Niah

**SUPERFICIE** 31,4 km$^2$

**CRÉATION** 1974



# Parc national de Niah
## MALAISIE

Il y a 45 000 ans, des hommes modernes vivaient déjà ici, comme le prouvent les ossements crâniens d'un Homo sapiens du Pléistocène supérieur, découverts ici en 1958 dans les grottes de Niah. Ils sont les premiers témoignages de la présence d'Homo sapiens sur les îles de l'archipel malais. Les immenses galeries des grottes du Parc national sont encore loin d'avoir été toutes explorées. Des outils et des bijoux y ont été découverts, ainsi que des peintures rupestres vieilles de 1 200 ans. De nombreuses salanganes y ont élu domicile. Ces oiseaux comestibles construisent leurs nids avec leur salive, dont les Asiatiques raffolent. Les habitants locaux de Penang les récoltent dans la section des grottes qui leur est attribuée. Ils s'en servent pour préparer de la soupe nids d'hirondelles ou les revendent à prix fort pour l'exportation.

*Le Parc national possède une certaine aura mystique en grande partie due aux grottes mystérieuses et à la végétation verte luxuriante qui, à défaut de laisser passer la lumière du soleil, s'enveloppent dans une brume épaisse.*

*Aussi belles que soient les grottes de Bornéo, certains de leurs habitants peuvent être effrayants si vous les rencontrez à l'improviste, comme ce grand criquet des cavernes (ci-dessus).*

**LOCALISATION** S'étend sur les États de Kelantan, Pahang et Terengganu, au centre-nord de la péninsule malaise

**SUPERFICIE** 4 343 km$^2$

**CRÉATION** 1938/1939

# Parc national de Taman Negara
## MALAISIE

Le Parc national de Taman Negara, situé au centre de la péninsule malaise, héberge une vaste forêt tropicale primitive de 130 millions d'années. Il s'agit de la plus ancienne zone forestière de la planète. Les périodes glaciaires, les variations climatiques et les fluctuations du niveau de la mer ont modifié de nombreuses parties du monde, mais dans la péninsule malaise, les conditions sont restées relativement stables et la faune et la flore ont pu se développer sans presque aucune perturbation. La forêt tropicale de Taman Negara abrite des éléphants d'Asie, des panthères, des tapirs à chabraque, des sangliers et des singes, ainsi que des espèces en voie d'extinction comme le tigre de Malaisie et le rhinocéros de Sumatra. 1 000 espèces de papillons et plus de 600 d'oiseaux y ont élu domicile. Le climat y est tropical toute l'année, avec un taux d'humidité particulièrement élevé.

*Levez les yeux, vous ne serez pas déçu du spectacle ! Le Parc national de Taman Negara abrite de magnifiques spécimens à plumes, qui vivent en hauteur, au sommet des arbres ou plus près du sol : l'eurylaime vert, le Malcoha de Diard, le Malcoha rouverdin, le timalie maculée (photos du bas, de droite à gauche), le Trogon de Duvaucel (grande photo), le Grand Coucal, le Pic grenadin et le faisan de Bulwer (du haut à droite dans le sens des aiguilles d'une montre) ainsi que le tantale blanc (ci-dessus).*

**LOCALISATION** À l'extrême sud de Luçon. Il comprend des terres autour du mont Mayon et des zones marines

**SUPERFICIE** 2 479,19 km²

Classé réserve de biosphère de l'UNESCO depuis 2016

# Réserve naturelle de Mayon
## PHILIPPINES

La pointe sud de l'île de Luçon abrite une zone protégée unique en son genre : plus de 180 variétés de plantes, dont 46 endémiques, se sont développées dans ce paysage de prairies et de forêt vierge. La faune de la forêt de mangroves est d'une richesse incroyable et se révèle être un véritable paradis pour les oiseaux. Le pigeon colombin de Luçon ne vit que dans cette région et ne cesse de surprendre les personnes qui les observent. Avec une tache rouge sang sur la poitrine, il semble avoir été poignardé en plein cœur. En revanche, mieux vaut rester éloigné des crotales des Philippines, d'un vert venimeux, qui aiment se faufiler entre les arbres. D'anciennes cultures de groupes indigènes ont été conservées sur les pentes du volcan Mayon et de nombreuses personnes vivent de techniques artisanales comme le tissage, la poterie ou le travail du chanvre. Mais le changement climatique provoque régulièrement des glissements de terrain et de fortes chutes d'eau qui mettent en péril la région.

*Le volcan Mayon, en forme de cône presque parfait, s'élève vers le ciel, recouvert d'un petit nuage de fumée (ci-contre, en haut). Les Quitinday Hills présentent la même forme conique (ci-dessus).*

*Le Mayon montre à quel point la nature peut être ambivalente, car si toute éruption volcanique est tout aussi dangereuse que consternante, le spectacle de la lave incandescente se reflétant dans l'eau au crépuscule peut également être magnifique. Dans sa partie supérieure, la Montagne de Feu présente des pentes de 35 à 40 degrés. Le cratère au sommet est relativement petit.*

**LOCALISATION** Le volcan au centre du Parc naturel se trouve au sud de l'île de Luçon dans la région de Bicol
**SUPERFICIE** 58,03 km$^2$
**CRÉATION** 2000

# Volcan Mayon

Sur la péninsule de Bicol, au sud-est de Luçon, se dresse le stratovolcan Mayon, haut d'environ 2 460 mètres. Il est considéré comme l'un des plus beaux volcans de la planète en raison de sa forme bien dessinée, mais il est aussi tristement célèbre pour ses éruptions inopinées, souvent accompagnées de coulées pyroclastiques se transformant en coulées de boue bouillante, appelées lahars. Le deuxième volcan le plus haut des Philippines est également l'une des montagnes de feu les plus actives de l'archipel et est entré en éruption plus de 45 fois depuis les premiers enregistrements de 1616. Comme il se trouve dans une zone densément peuplée, chacune de ses éruptions fait courir de grands risques aux personnes vivant à proximité. L'éruption la plus dévastatrice à ce jour, en 1814, a fait plus de 1 200 morts. Ce stratovolcan merveilleusement symétrique a une forme presque circulaire vue du ciel et une circonférence de 20 kilomètres.

3°34'N, 97°37'E

**LOCALISATION** À l'extrême nord-ouest de Sumatra

**SUPERFICIE** 9 000 km²

**CRÉATION** 1980

Classé réserve de biosphère de l'UNESCO depuis 1981

Inscrit au patrimoine mondial de l'UNESCO depuis 2004

# Parc national du Gunung Leuser INDONÉSIE

À Sumatra, la pression démographique est si forte que d'immenses surfaces de forêt vierge sont brûlées pour y créer des champs et des plantations d'huile de palme. Le Parc national de Gunung Leuser, au nord de l'île, constitue l'une des plus grandes zones protégées d'Indonésie, avec une superficie de 9 000 kilomètres carrés. Il n'est pas seulement le havre de paix des singes en voie de disparition, c'est également l'une des réserves naturelles les plus importantes au monde. L'espace vital des orangs-outangs et autres animaux sauvages, comme les tigres et les rhinocéros, ne cesse de diminuer en Indonésie. Seul ce refuge abrite encore des populations d'animaux très menacés, comme le rhinocéros de Sumatra ou le tigre de Sumatra. Ils vivent dans un monde d'une richesse inimaginable, où poussent jusqu'à 130 espèces d'arbres différentes sur un seul hectare.

*Le Parc national est réputé pour la richesse de sa faune. Les éléphants de Sumatra (page de droite) y sont endémiques et sont considérés comme une espèce en voie de disparition.*

*Ici, au nord de Sumatra, on laisse encore en paix les orangs-outans menacés (au milieu). Les macaques à queue de cochon et les macaques de Java bénéficient également de cette protection (ci-dessus). La fleur du rafflesia rouge (ci-contre) peut mesurer jusqu'à un mètre de diamètre en pleine floraison.*

**LOCALISATION** Au sud-est de l'île de Java
**SUPERFICIE** 502 km$^2$
**CRÉATION** 1982

# Montagnes de Surabaya

La nuit ne révèle rien des merveilles qu'elle enveloppe de son voile d'obscurité, les visiteurs n'ont pas la moindre idée de ce qu'ils s'apprêtent à découvrir en grimpant les montagnes de feu de Surabaya, à l'est de Java. La nuit, aussi noire que le jais, se dissipe lentement, laissant apparaître, presque à contrecœur, les contours de trois montagnes gigantesques. De plus en plus nettes, elles se détachent délicatement du ciel noir et se dressent, irréelles et menaçantes comme des émissaires venus de l'enfer. Le volcan Batok endormi ressemble à la maison d'une taupe monstrueuse. Derrière se dresse le volcan hyperactif Bromo, avec son cratère sifflant et son haleine sulfureuse nauséabonde. Enfin, le majestueux volcan Semeru et sa cheminée de laquelle s'élève une colonne de fumée, comme si des géants étaient assis autour d'un feu en son sein.

**LOCALISATION** Au sud-est de l'île de Java

**SUPERFICIE** 413 374 km²

Classé réserve de biosphère de l'UNESCO depuis 2015



# Parc national de Bromo Tengger Semeru INDONÉSIE

L'un des parcs nationaux les plus connus du pays a été élargi pour devenir une réserve de biosphère : de tous les volcans de Java, le Bromo, qui culmine à 2 392 mètres, est le plus visité en raison de son décor unique. Le cône volcanique et le paysage montagneux environnant avec ses pentes abruptes sont facilement accessibles. À côté se dresse le plus haut volcan de Java, le Semeru, qui culmine à 3 676 mètres. L'ascension de cette montagne entourée de lacs de montagne pittoresques est un véritable parcours du combattant : 1 300 mètres de dénivelée à franchir, dont la moitié du chemin se fait sur des éboulis de lave ouverts et abrupts en dessous du cratère. Les Tengger vivent dans ces montagnes isolées. Lorsque l'islam s'est répandu à Java, la population autochtone s'est retirée dans les montagnes, où elle a pu conserver ses traditions hindoues jusqu'à aujourd'hui.

*C'est le paysage le plus spectaculaire de toute l'Indonésie – et aussi l'un des plus éphémères, car les volcans se couvrent souvent de nuages, donnant aux visiteurs l'impression d'avoir fait un rêve éveillé.*

*La lave noire forme de vastes champs de dunes au bord du Bromo, qui connaît régulièrement de petites éruptions. La plupart sont stromboliennes et se caractérisent par des éjections de cendres et de lapilli (morceaux de lave de la taille d'une noix), de scories et de bombes (morceaux de lave solidifiée) à intervalles rapprochés et en poussées relativement faibles (ci-contre, en bas).*

# OCÉANIE

**LOCALISATION** Au large de la côte est de l'État du Queensland

**SUPERFICIE** 348 700 km$^2$

Inscrit au patrimoine mondial de l'UNESCO depuis 1981



# Grande Barrière de corail
## AUSTRALIE

Le récif, qui se compose d'environ 2 500 récifs individuels et de 500 îles coralliennes, longe la côte nord-est de l'Australie sur plus de 2 000 kilomètres. Les polypes dits « constructeurs » forment le corail dur à la base des récifs coralliens et vivent en communauté avec des algues bleu-vert. Les larves de polypes déjà capables de nager éclosent au printemps, se nichent sur le récif près de la surface de l'eau, forment leur squelette et s'associent à leurs congénères pour former une colonie, qu'on appelle le corail. Après un certain temps, ils meurent et leurs tubes de calcaire sont réduits en sable fin. Les algues « agglomèrent » le sable pour former une autre couche récifale sur laquelle de nouveaux jeunes polypes peuvent s'installer l'année suivante. C'est ainsi que les récifs et les îles se sont développés au fil des millénaires. Les eaux entourant le récif abritent environ 1 500 espèces de poissons, ainsi que des centaines et des milliers d'espèces d'oiseaux, de coraux et de mollusques.

*Un monde sous-marin qui fascine également vu du ciel est probablement unique. En survolant la Grande Barrière de Corail, le récif se pare de toutes les nuances de bleu.*

*Aussi effrayante qu'élégante, la captivante raie manta géante (ci-dessus), également appelée « raie du diable », glisse dans l'eau : autour d'elle s'agglutinent une multitude de petits poissons qui nettoient ses branchies grâce auxquelles elle filtre la nourriture. Elle peut peser jusqu'à 2 tonnes et atteindre une envergure de 7 m.*

**LOCALISATION** Le long de la côte de la Grande Barrière de corail, au nord-est de l'Australie

**SUPERFICIE** 8 934,53 km$^2$

Inscrit au patrimoine mondial de l'UNESCO depuis 1988

# Tropiques humides du Queensland
## AUSTRALIE

Cette région, qui s'étend sur près de 9 000 kilomètres carrés, comprend environ 20 parcs nationaux ainsi que d'autres zones protégées. Aujourd'hui, la forêt tropicale humide ne couvre plus que certaines parties des crêtes de la Cordillère australienne, des dépressions du Great Escarpment et de la région côtière du Queensland, où le climat tropical est resté stable pendant des millions d'années. Une faune et une flore d'une richesse incroyable ont pu s'y développer sans perturbation extérieure. Les plus de 800 arbres différents forment une forêt construite en plusieurs « étages ». Sous la canopée opaque de ces arbres géants pouvant atteindre 50 mètres de haut poussent plus de 350 végétaux supérieurs, principalement des fougères, des orchidées, des mousses et des lichens. Environ un tiers de toutes les espèces de marsupiaux et de reptiles australiens et deux tiers de toutes les espèces de chauves-souris et de papillons vivent dans cette zone relativement restreinte.

*Les Loriquets à tête bleue (en bas, à droite) se parent des plus belles couleurs de l'arc-en-ciel. Ces perroquets adaptables vivent aussi bien dans les forêts d'eucalyptus humides que sèches.*

*La perruche royale d'un rouge flamboyant (ci-contre, en bas) tente de leur voler la vedette. Les autres animaux du parc, tels que le Pseudochirops et le pademelon à pattes rouges (ci-contre, en haut) ainsi que le Lophosaurus boydii (ci-dessus), se font au contraire plus discrets. Grande photo : les chutes de Millaa Millaa.*

**LOCALISATION** Dans la région de la rivière East Alligator, à 170 km à l'est de la ville de Darwin

**SUPERFICIE** 19 804 km$^2$

**CRÉATION** 1981

Inscrit au patrimoine mondial de l'UNESCO depuis 1981

www.parksaustralia.gov.au/kakadu



# Parc national de Kakadu
## AUSTRALIE

Situé à environ 250 kilomètres à l'est de Darwin, le Parc national, dont la superficie actuelle d'environ 20 000 kilomètres carrés a été agrandie à plusieurs reprises, comprend cinq écosystèmes différents. Dans la zone de marnage, les mangroves sont ancrées dans la vase avec leurs racines-échasses et protègent l'arrière-pays de l'effet destructeur des vagues. Pendant la saison des pluies, les zones proches de la côte se transforment en un tapis multicolore de lotus, de nénuphars et de fougères flottantes. Des oiseaux aquatiques rares, comme les grues brolga, les hérons à tête blanche, les grandes cigognes à bec-ouvert indien et les oiseaux-serpents y ont élu domicile, tout comme le crocodile marin, qui peut mesurer jusqu'à 6 mètres de long. Les collines qui s'ensuivent, avec leur végétation variée de forêts tropicales ouvertes, de savanes et de plaines herbeuses, s'étendent sur la majeure partie du parc et constituent un refuge pour des espèces menacées comme les dingos et les wallabies. Quelques espèces de kangourous plus rares vivent dans l'escarpement de la terre d'Arnhem, une falaise de 500 kilomètres de long qui traverse le parc du sud-ouest au nord-est, ainsi que sur les plateaux de grès de la terre d'Arnhem. Le Parc national a acquis une renommée internationale au milieu du XX$^e$ siècle, lorsque des outils en pierre vieux d'au moins 30 000 ans y ont été découverts. De nombreuses peintures rupestres fournissent des informations sur les habitudes de chasse, les mythes et les coutumes des tribus aborigènes vivant ici.

*Depuis Nourlangie Rock, la vue s'étend sur les vastes Wetlands (ci-contre, en bas).*

*Dans la région de Mary River, les Jim Jim Falls, hautes de 150 m, se jettent dans le Jim Jim Plunge Pool (ci-contre, en haut et à gauche). Nourlangie Rock (ci-dessus) est un site d'art rupestre.*

**LOCALISATION** 440 km au sud d'Alice Springs

**SUPERFICIE** 1 325,5 km$^2$

**CRÉATION** 1987

Classé réserve de biosphère de l'UNESCO depuis 1977

Inscrit au patrimoine mondial de l'UNESCO depuis 1977

www.parksaustralia.gov.au/uluru

# Parc national d'Uluru-Kata Tjuta
## AUSTRALIE

Au cœur d'une vaste savane sèche et aride se trouve le « Centre Rouge de l'Australie », le Parc national Uluru-Kata Tjuta. L'inselberg d'Uluru, également appelé Ayers Rock, et les 36 sommets rocheux de Kata Tjuta (signifiant « plusieurs têtes » en langue aborigène) comptent parmi les merveilles naturelles les plus connues d'Australie. Leur histoire évolutive, qui a commencé il y a 570 millions d'années, est étroitement liée à la formation du continent australien. Contrairement aux masses rocheuses qui les entourent, la roche extrêmement résistante de ces rochers ne s'est que lentement dégradée, si bien qu'ils émergent aujourd'hui de la plaine, tels d'immenses témoins fossilisés de l'ère géologique. Depuis plus de 10 000 ans, les Anangu, une tribu aborigène, vivent ici selon leurs croyances et leurs ancêtres ont toujours cultivé la terre.

## Uluru (Ayers Rock)

Pièce maîtresse du Parc national, le majestueux Ayers Rock, également appelé Uluru, est composé de grès et se pare de mille nuances de rouge selon l'heure de la journée. Mais Uluru n'est pas seulement le Centre Rouge de l'Australie, c'est aussi un site mythique et sacré pour les Aborigènes, comme en témoignent les peintures rupestres. Les ancêtres s'y retrouvaient pour inventer et modeler le monde dans toutes ses dimensions au fil de leurs pérégrinations dans le Temps du Rêve. Les peintures rupestres sur le rocher relatent l'histoire mythologique de la création du pays et de la montagne. Selon la légende, il se serait élevé de terre lors d'un atroce combat entre deux parties du Temps du Rêve, à l'issue duquel les esprits des deux combattants se sont transformés en pierre. Aujourd'hui encore, les Aborigènes considèrent cette montagne sacrée, c'est pourquoi plus personne n'a le droit d'y grimper depuis 2019.

*Le massif compact d'Ayers Rock est particulièrement impressionnant vu du ciel (ci-contre, haut). Si vous vous rapprochez, vous verrez qu'Uluru est bordé par une forêt (ci-contre, en bas).*

**LOCALISATION** Rive est du lac Eyre, à environ 750 km au nord d'Adélaïde
**SUPERFICIE** 13 592,51 km$^2$
**CRÉATION** 1985
www.parks.sa.gov.au/parks/Kati-thanda-lake-eyre-national-park



# Parc national du lac Eyre
## AUSTRALIE

Le lac Eyre est le plus grand lac salé d'Australie et est également le point le plus bas à approximativement 15 mètres en dessous du niveau de la mer. Pendant la saison des pluies, les rivières apportent de l'eau depuis l'Outback. La quantité de pluie de la mousson détermine la quantité d'eau qui atteint le lac et sa profondeur. Tous les trois ans environ, le niveau d'eau atteint 1,50 mètre. Depuis sa découverte en 1841, le lac ne s'est rempli d'eau que trois fois. Mais même après ce rare événement, le lac du nord s'est à nouveau asséché en raison du climat continental, sec et chaud de l'Australie du Sud. En s'évaporant, il laisse derrière lui des dépôts d'argile riche en sel qui forment au fil du temps une couche épaisse. Edward John Eyre a été le premier homme blanc à traverser à pied la plaine du Nullarbor depuis la baie de Fowlers jusqu'à l'actuelle Albany – il lui aura fallu trois ans !

*Une oasis au milieu du paysage inhospitalier de l'Outback australien : dès que les eaux de la mousson remplissent le lac Eyre, on assiste à un véritable miracle de la nature. Dans les couleurs délicates du lever du soleil, la région déploie toute sa magie.*

**LOCALISATION** Au centre de l'île du Nord, le Parc national s'étend sur les régions de Manawatu-Wanganui et Waikato, non loin du lac Taupo

**SUPERFICIE** 795,96 km$^2$

**CRÉATION** 1907

Inscrit au patrimoine mondial de l'UNESCO depuis 1990



# Parc national de Tongariro
## NOUVELLE-ZÉLANDE

En 1887, le chef Te Heuheu Tukino a fait don au gouvernement néo-zélandais de terres sacrées maories entourant le volcan Tongariro, à condition qu'elles soient protégées pour tous les hommes. Le gouvernement a fait l'acquisition de terres supplémentaires et les a déclarées Parc national en 1907. Depuis 1990, la région, qui s'étend aujourd'hui sur environ 795 kilomètres carrés, est classée au patrimoine mondial de l'UNESCO. Le noyau est constitué de trois systèmes volcaniques actifs : Tongariro (1 967 mètres) est le plus proche du lac Taupo. C'est le plus petit des trois volcans et il a donné son nom au Parc national. Au sud se trouve le Ngauruhoe (2 287 mètres), le volcan le plus actif du Parc national. Le troisième volcan, le mont Ruapehu, composé de plusieurs cônes, est le plus haut sommet de l'île du Nord, il culmine à 2 797 mètres. Il s'étend sur 3 kilomètres et abrite un lac de cratère acide et six petits glaciers.

*Le Parc national de Tongariro reste dans les mémoires, non pas pour ses pentes d'éboulis relativement peu spectaculaires, mais pour ses couleurs – des lacs aux cratères en passant par le ciel.*

**LOCALISATION** Couvre tout le coin sud-ouest de l'île du Sud, adjacent au Parc national du mont Aspiring

**SUPERFICIE** 12 607 km²

**CRÉATION** 1952

Inscrit au patrimoine mondial de l'UNESCO depuis 1990

www.doc.govt.nz

# Parc national de Fiordland
## NOUVELLE-ZÉLANDE

Le plus grand Parc national de Nouvelle-Zélande, d'une superficie d'environ 12 520 kilomètres carrés, est sans doute aussi le plus beau du pays. En arrière-plan se dressent les montagnes enneigées devant lesquelles se trouvent de vastes forêts de hêtres aux arbres géants centenaires et moussus. Des rivières cristallines et des lacs paisibles sont nichés dans de larges vallées formées par la fonte des glaciers. On y trouve environ 700 plantes endémiques et une faune rare. Des fjords majestueux se succèdent sur la côte ouest. Seul l'un d'entre eux, le Milford Sound, est desservi par une route. La région est l'une des zones de trekking les plus populaires au monde. Le plaisir n'est gâché que par les « sandflies », mouches de sable noires qui, selon une légende maorie, ont été créées par la déesse de la mort pour que les humains, après avoir pu contempler la beauté du lieu, n'aient plus qu'une hâte : le quitter.

*Le plus beau bout du monde ? Avec ses parois rocheuses boisées et abruptes, le Milford Sound, qui se jette dans la mer de Tasman, est l'une des plus grandes attractions de l'île du Sud. La route du Milford Sound est l'une des plus belles routes de montagne au monde. Depuis Te Anau, elle longe d'abord un lac, puis traverse des paysages en grande partie vierges, qui offrent de magnifiques points de vue.*

*Le surprenant kéa est l'un des oiseaux les plus intelligents du monde, ce qui l'aide à survivre dans les Alpes néo-zélandaises (ci-dessus).*

**LOCALISATION** À environ 590 km au sud-est de l'île Stewart

**SUPERFICIE** 112,86 km$^2$

Inscrit au patrimoine mondial de l'UNESCO depuis 1998

# Île Campbell
## NOUVELLE-ZÉLANDE

L'île Campbell fait partie de l'archipel des îles Campbell et se situe à environ 700 kilomètres au sud du continent néo-zélandais. L'île, vestige d'un cône volcanique, est très découpée. À l'intérieur des terres se dressent des montagnes dont la plus haute est le mont Honey (558 mètres). À l'est de l'île, les fjords s'enfoncent dans les terres, tandis que l'ouest est dominé par des falaises et des escarpements. Au cours de son histoire coloniale, l'île a subi une forte exploitation : les phoques et les baleines étaient chassés dans les eaux entourant l'île Campbell et, en 1895, un pionnier a installé une ferme sur l'île. Jusqu'à 8 000 moutons y vivaient et détruisaient de nombreuses plantes. Au cours des dernières décennies, tous les moutons, chèvres et porcs ont été bannis de l'île et une population de rats a été empoisonnée, redonnant un second souffle à la nature.

*Ce jeune éléphant de mer austral semble croquer la vie à pleines dents. Cela n'est guère étonnant au vu de la nature qui l'entoure et qui reprend lentement ses droits après des années de colonisation (ci-contre en haut à gauche).*

*Bien que l'île Campbell ait été malmenée par le passé et ait souvent dû se défendre contre l'introduction de nouvelles espèces, elle présente une grande diversité de flore et de faune, comme cet éléphant de mer mâle (ci-dessus) et le gorfou sauteur (ci-contre en bas).*

*Les Maoris appellent les manchots des antipodes « Hoiho » (qui signifie « faiseur de bruit »). Ces animaux extrêmement rares aiment en effet attirer l'attention en émettant un bruit de trompette qui s'entend à des kilomètres à la ronde (ci-contre en haut à droite).*

**LOCALISATION** Palau, au sud de Babeldaob entre Koror et Peleliu dans l'océan Pacifique

**SUPERFICIE** 1 000 km²

Inscrit au patrimoine mondial de l'UNESCO depuis 2012

# Lagon sud des îles Chelbacheb
## PALAOS

Une longue ombre sombre se dessine dans l'eau turquoise, aussi grande qu'un requin-baleine ou une orque. Mais elle est immobile. En y regardant de plus près, on aperçoit une peau composée de coraux et une autre vraisemblablement en fer rouillé. L'ombre n'est en fait rien d'autre que l'épave d'un avion de guerre japonais. De telles découvertes sont fréquentes sur les îles Palau dans le Pacifique Sud. De loin, le paysage est paradisiaque, mais le lieu a connu une histoire tumultueuse. Pendant la Seconde Guerre mondiale, une bataille acharnée entre les Japonais et les Américains a fait rage ici, laissant derrière elle non seulement des épaves d'avions, mais aussi, sur terre, des chars, des Jeep et des bunkers envahis par la végétation. Néanmoins, ces quelque 300 îlots inhabités sont très appréciés des plongeurs, car le monde sous-marin a pu s'y développer de manière spectaculaire, loin de toute civilisation humaine.

*Vues du ciel, les îles Chelbacheb (ou Rock Islands) ressemblent à des rochers recouverts de mousse dans une eau turquoise. Y vivent des créatures marines aussi illustres que le nautile (ci-dessus) ou les Demoiselles à trois bandes noires (en bas à gauche).*

**LOCALISATION** Le plus grand lagon d'eau salée du monde, dans les îles Salomon, à l'est de la Papouasie-Nouvelle-Guinée, au nord-est de l'Australie et au nord de l'île de Vangunu, dans l'océan Pacifique

**SUPERFICIE** 700 km²

# Lagon de Marovo
## ÎLES SALOMON

Vers le nord, le lagon de Marovo est délimité par l'île de Nouvelle-Géorgie. Vers le sud, Gatukai et Vangunu marquent également la frontière orientale du plus grand lagon d'eau salée du monde. Cette perle de la nature est parsemée d'innombrables îlots. La vie grouille sous l'eau. Les polypes des coraux durs flottent dans les vagues du Pacifique. Des poissons-perroquets et des poissons-clowns se faufilent entre les branches de leurs squelettes calcaires. Les crustacés, éponges et concombres de mer sont ici chez eux. Les prédateurs sont également bel et bien présents et il n'est pas rare de rencontrer des requins de récif agiles et des raies majestueuses. Il n'y a pas si longtemps, la vie sur terre était beaucoup moins idyllique. En effet, à cause des chasseurs de têtes qui y vivent, la lagune de Marovo était tristement célèbre et redoutée depuis des générations.

*Un calmar (ci-dessus) mangeant une palourde géante, méduse parapluie, saumonée léopard, pagure, blennie à points rouges, crevette de Pederson, anémone bulle et Tridacninae font partie de la faune et la flore du lagon de Marovo que vous pourrez découvrir avec un masque et un tuba.*

**LOCALISATION** Le deuxième plus grand atoll du monde est situé dans le sud de l'océan Pacifique, au nord-est de Tahiti ; il fait partie de l'archipel des Tuamotu en Polynésie française

**SUPERFICIE** 79 km$^2$ (continent), 1 600 km$^2$ (lagune)



# Rangiroa
## POLYNÉSIE FRANÇAISE

L'archipel des Tuamotu est constitué de plus de 70 atolls, disposés en une double chaîne d'environ 1 500 kilomètres de long et dispersés sur une surface maritime à peu près aussi grande que l'Europe centrale. Rangiroa, qu'on pourrait traduire par « Vaste ciel » en paumotu, est le plus grand atoll de l'archipel des Tuamotu. Ce lagon de plus de 1 500 kilomètres carrés est entouré de 240 motus. Comme la plupart des atolls de l'archipel, Rangiroa ne s'élève qu'à quelques mètres au-dessus du niveau de la mer. En revanche, le lagon est le paradis des plongeurs désireux d'admirer toutes les merveilles du monde sous-marin des mers du Sud. Nul besoin de se munir d'un équipement de plongée pour vivre une expérience hors du commun. Des requins de récif inoffensifs s'ébattent dans la zone littorale peu profonde, près des magnifiques plages de sable.

*Telle est l'image idyllique que l'on se fait du paradis des mers du Sud : sable blanc, mer turquoise, ciel bleu et palmiers verts. Les îlots de l'archipel des Tuamotu sont une véritable carte postale.*

*Dans les lagons, l'activité est intense. Alors que les requins sont des animaux solitaires, les petits poissons vivent en grands bancs protecteurs.*

**LOCALISATION** Situé dans le sud de l'océan Pacifique, au nord de Tahiti dans l'archipel de la Société

**SUPERFICIE** 38 $km^2$



# Lagon de Bora-Bora
## POLYNÉSIE FRANÇAISE

Ce lagon féerique aux reflets aigue-marine à vert émeraude est parsemé de minuscules îlots. Au centre de l'atoll trône le mont Otemanu, tout de vert vêtu. Le volcan à moitié immergé confère au paysage un caractère presque mystique vu du ciel. Bora-Bora, qui se trouve au centre de l'archipel de la Société, n'a une superficie que de 38 kilomètres carrés environ. Environ 7 500 habitants ont élu domicile sur ce paradis, dont l'ancien nom « Mai Te Pora » se traduit par « créé par les dieux ». Cette destination de rêve n'aurait pas pu trouver meilleure appellation ! Célébrée comme la « perle du Pacifique », Bora-Bora est l'une des îles les plus connues de l'archipel de la Société. Telles des remparts verdoyants, ses montagnes se dressent au-dessus des eaux bleues et turquoise du lagon, de même que les deux îlots vallonnés situés au large de la côte ouest, vestiges des versants éboulés de son ancien cratère volcanique. Une longue chaîne de motus sableux borde le récif au nord et à l'est. Depuis Vaitape, le chef-lieu de l'île, un sentier escarpé traverse des pentes boisées jusqu'au mont Pahia. Cette randonnée de plusieurs heures nécessite toutefois d'avoir une bonne condition physique – et un éclaireur. Les organisateurs locaux proposent également des safaris sur l'île.

*Personne ne sait si le Néerlandais Jakob Roggeveen a découvert Bora-Bora lors de son tour du monde à la voile en 1772. Mais si ce n'est pas le cas, il a manqué quelque chose. James Cook, en tout cas, s'y est rendu en 1769, mais a dû faire demi-tour en raison des conditions météorologiques qui l'ont empêché de débarquer. Ce n'est que lors de son troisième voyage en 1777 qu'il a posé le pied sur l'île.*

Crédits photographiques
C = Corbis, G = Getty Images, M = Mauritius Images

Couverture :
Vue aérienne du cratère volcanique Stútur situé sur le champ de lave Nordurnamshraun, région de Landmannalaugar, Réserve naturelle de Fjallabak, Islande. G/Juan Maria Coy Vergara

Intérieur :
p. 4 Look/Andreas Strauß, p. 4 G/Anup Shah, p. 7 G/Peter Pinnock, p. 10/11 M/Alamy, p. 12 G/Peerakit Jlrachetthakun, p. 12/13 G/Ramiro Torrents, p. 13 G/Gunnar Örn Árnason, p. 14/15 G/Subtik, p. 15 G/Arctic-Images, p. 16 G/Tunart, p. 16/17 G/Wei Hao Ho, p. 16/17 G/Southern Lightscapes-Australia, p. 16/17 G/Wei Hao Ho, p. 18/19 G/Wei Hao Ho, p. 18/19 G/Vvvita, p. 20 M/Willi Rolfes, p. 20 M/Stefan Huwiler, p. 20 M/Willi Rolfes, p. 20 M/Stefan Huwiler, p. 20/21 M/Ben Cranke, p. 22 G/Hans Strand, p. 22/23 G/Anders Ekholm, p. 22/23 G/Erlend Haarberg, p. 23 M/Erlend Haarberg, p. 23 G/Westend61, p. 23 G/Winfried Wisniewski, p. 23 M/Erlend Haarberg, p. 24/25 G/Marco Bottigelli, p. 25 iacomino FRiMAGES/Shutterstock.com, p. 26 M/Bernd Zoller, p. 26/27 M/Johan van der Wielen, p. 26/27 M/Jordi Bas Casas, p. 27 M/Philippe Clement, p. 27 M/Markus Varesvuo, p. 27 M/Jussi Murtosaari, p. 27 M/Reiner Bernhardt, p. 28/29 G/Mariuskasteckas, p. 29 G/Mariuskasteckas, p. 30 Amedeo Iunco photographer/Shutterstock.com, p. 30/31 G/Pete Rowbottom, p. 32 G/Scott Robertson, p. 32/33 Look/robertharding, p. 32/33 M/Allan Wright, p. 33 G/Kathy Collins, p. 34 G/Eleanor Scriven, p. 34/35 G/John finney photography, p. 34/35 G/ChrisHepburn, p. 34/35 G/John finney photography, p. 35 M/Chris Herring, p. 36/37 G/James Osmond, p. 36/37 G/Antony Spencer Photography, p. 37 G/Mark Crocker - images through a lens, p. 38/39 G/MathieuRivrin, p. 40/41 G/Mario Colonel, p. 40/41 G/Paul Biris, p. 42/43 Richard Semik/Shutterstock.com, p. 43 G/Eric Rousset, p. 44/45 G/Rahan1991, p. 45 G/Bruno Donnangricchia, p. 46 G/Raimund Linke, p. 46/47 G/Daniel Bosma, p. 46/47 G/Andreas Kretschmer, p. 47 G/Westend61, p. 48/49 Look/Olafprotze, p. 49 Look/Tobias Richter, p. 50 M/Stefan Hefele, p. 50/51 G/Moritz Wolf, p. 50/51 G/DaitoZen, p. 52 G/Ketkarn sakultap, p. 52/53 M/Roberto Moiola, p. 54 G/Renelo, p. 54/55 G/Arto Hakola, p. 54/55 G/Sorin Rechitan, p. 55 G/Arto Hakola, p. 56 G/Michal Sleczek, p. 56/57 TTstudio/Shutterstock.com, p. 56/57 G/Karol Majewski, p. 57 G/Macroworld, p. 57 Kluciar Ivan/Shutterstock.com, p. 58 G/Alvaro Roxo, p. 58 G/Paulo Rocha, p. 58/59 G/FredConcha, p. 58/59 M/Roberto Moiola, p. 60/61 G/Marco Bottigelli, p. 60/61 G/Akrp, p. 61 G/Frank Lukasseck, p. 62 G/Julio López Saguar, p. 62/63 G/Jose Quintela, p. 64/65 M/Tilyo Rusev, p. 65 M/Mikel Bilbao Gorostiaga, p. 66 M/Alamy, p. 66 M/Ramon Navarro, p. 66 G/David Santiago Garcia, p. 66 G/Victor Ovies Arenas, p. 66/67 G/Cris Cantón Photography, p. 66/67 M/Bob Gibbons, p. 67 M/Loic Poidevin, p. 67 M/Roger Powell, p. 67 M/Ramon Navarro, p. 67 M/Ramon Navarro, p. 68/69 G/Frank Lukasseck, p. 68/69 G/Juan David Martin Ravelo, p. 69 G/Atlantide Phototravel, p. 70 G/Patryk_Kosmider, p. 70/71 G/Achim Thomae, p. 72/73 G/Michele D'Amico supersky77, p. 72/73 G/Stefady, p. 73 G/TroiseCarmineWashi www.flickr.com/photos/25517152@N05/, p. 74 G/Lorenzo Mattei, p. 74/75 G/Luigi Alesi, p. 74/75 G/Luigi Alesi, p. 76/77 G/Michele D'Amico supersky77, p. 77 G/Maxim K, p. 78/79 G/SimonSkafar, p. 79 Roxana Bashyrova/Shutterstock.com, p. 80 G/4FR, p. 80/81 G/Glcheng, p. 80/81 Mike Mareen/Shutterstock.com, p. 81 G/Romulic-Stojcic, p. 82 M/David Havel, p. 82/83 M/John Gooday, p. 82/83 RoStyle/Shutterstock.com, p. 84 G/Laurentiu-Mihai Panaete, p. 84/85 G/Marian Poar, p. 84/85 G/Istvan Kadar Photography, p. 85 G/Dragos Pop, p. 86 G/Maya Karkalicheva, p. 86 G/Maya Karkalicheva, p. 86/87 G/Maya Karkalicheva, p. 86/87 G/Maya Karkalicheva, p. 87 G/Maya Karkalicheva, p. 88/89 G/Carsten Schanter, p. 88/89 G/Evgeni Dinev Photography, p. 90/91 G/Anton Petrus, p. 91 G/Brian J. Skerry, p. 92/93 G/Manoj Shah, p. 94 M/robertharding, p. 94 M/Daniel Heuclin, p. 94 G/Kristian Bell, p. 94/95 G/Leonid Andronov, p. 94/95 M/Daniel Heuclin, p. 95 M/Alamy, p. 96 M/Thijs van den Burg, p. 96 M/Daniel Heuclin, p. 96/97 G/Ira Block, p. 97 M/Lesley van Loo, p. 97 M/Bruno Amicis, p. 98/99 M/Westend61, p. 99 G/Egmont Strigl, p. 100 G/Mansour Ali Photography, p. 100/101 M/Tom Till, p. 100/101 G/Cinoby, p. 102 Andrei Armiagov/Shutterstock.com, p. 102/103 G/Vincent Pommeyrol, p. 103 Gerald Robert Fischer/Shutterstock.com, p. 103 Levent Konuk/Shutterstock.com, p. 103 Kimmo Hagman/Shutterstock.com, p. 103 Dean1313/Shutterstock.com, p. 103 Kim_Briers/Shutterstock.com, p. 104 M/Michaela Walch, p. 104 G/John Elk, p. 104/105 G/Rudolf Ernst, p. 105 Ondrej Prosicky/Shutterstock.com, p. 105 G/Jeremy Woodhouse, p. 106 M/Ignacio Yufera, p. 106 M/Alamy, p. 106/107 M/Alamy, p. 106/107 G/BSIP, p. 107 M/Alamy, p. 107 G/BSIP, p. 108 G/ L. Romano, p. 108 M/Fiona Rogers, p. 108 M/Anup Shah, p. 108 M/Frans Lanting, p. 108/109 M/Robert Henno, p. 110/111 M/John Warburton-Lee, p. 111 M/SFM Titti Soldati, p. 112 G/Berndt Fischer, p. 112/113 M/Gerard Lacz, p. 112/113 G/R. Portolese , p. 112/113 G/Joel Sartore, p. 113 G/Martin Willis, p. 114 G/Laura M. Vear, p. 114/115 M/Matthias Graben, p. 116 M/Wim van den Heever, p. 116/117 M/Marg Wood, p. 116/117 G/Guenterguni, p. 117 Matt T Jackson/Shutterstock.com, p. 118 G/Joel Sartore, p. 118/119 M/Alamy, p. 118/119 G/Eric Baccega, p. 119 G/Jean-Paul Chatagnon, p. 119 M/Alamy, p. 120 G/Morgan Trimble, p. 120/121 G/Christopher Kidd, p. 120/121 Efimova Anna/Shutterstock.com, p. 121 M/Thomas Marent, p. 121 M/Nigel Pavitt, p. 121 feathercollector/Shutterstock.com, p. 121 Monika Hrdinova/Shutterstock.com, p. 122/123 G/Ignacio Palacios, p. 122/123 G/Feargus Cooney, p. 123 Look/Minden Pictures, p. 124 G/Miguel Sanz, p. 124/125 G/Vlapaev, p. 124/125 G/SoopySue, p. 125 G/Martin Harvey, p. 126/127 Aboubakar Malipula/Shutterstock.com, p. 127 G/1001slide, p. 128 G/Traumlichtfabrik, p. 128 G/Michael Nalley, p. 128 G/David Chen, p. 128/129 G/Jamie Friedland, p. 128/129 G/Mahtab Karimi, p. 129 G/Michael Poliza, p. 130/131 G/Bruce Alexander, p. 130/131 Alamy/Danita Delimont, p. 130/131 G/Russell Burden, p. 131 G/Guenterguni, p. 132 Look/Andreas Strauß, p. 132/133 Look/age fotostock, p. 132/133 Look/age fotostock, p. 133 G/Photography Aubrey Stoll, p. 134 G/Pol Rebaque, p. 134 G/Arctic-Images, p. 134/135 G/Buena Vista Images, p. 134/135 Ger Metselaar/Shutterstock.com, p. 136/137 G/Luis Davilla, p. 137 Dietmar Temps/Shutterstock.com, p. 138 NickEvansKZN/Shutterstock.com, p. 138/139 G/David McCormick, p. 138/139 G/Jason Grunstra, p. 139 M/Richard Du Toit, p. 140 M/David Noton Photography, p. 140/141 Lukas Bischoff Photograph/Shutterstock.com, p. 140/141 G/Emil von Maltitz, p. 142 G/Heinrich van den Berg, p. 142 G/Robert Harding Picture Libr. Ltd, p. 142 M/Pete Oxford, p. 142/143 G/Petri Oeschger, p. 142/143 G/James Hager, p. 143 G/Gunter Lenz, p. 144/145 M/Alamy, p. 144/145 M/Gillian Lloyd, p. 145 M/Alamy, p. 146 G/VW Pics, p. 146 G/VW Pics, p. 146 G/Chris Schmid, p. 146/147 M/Richard Du Toit, p. 147 G/Martin Harvey, p. 148 G/inusuke, p. 148/149 G/Sakis Papadopoulos, p. 150/151 Look/Rainer Mirau, p. 150/151 M/United Archives, p. 151 G/Rainer Mirau, p. 152/153 G/Infografick, p. 153 G/SPANI Arnaud, p. 154/155 G/Michele Falzone, p. 156 G/Nick Fitzhardinge, p. 156 M/robertharding, p. 156/157 G/Deddeda, p. 157 M/Alamy, p. 158/159 G/Darwin Wiggett, p. 159 M/Fotofeeling, p. 160/161 G/Damien Verrier, p. 161 M/Malcolm Schuyl, p. 161 M/Guy Runco, p. 162 G/Tom Walker, p. 162 M/Patrick Endres, p. 162/163 Look/Design Pics, p. 163 G/Jacob W. Frank, p. 163 G/Lijuan Guo Photography, p. 164 G/Donald M. Jones, p. 164 Menno Schaefer/Shutterstock.com, p. 164 G/Danita Delimont, p. 164 G/Spondylolithesis, p. 164 G/Matthias Breiter, p. 164 G/Don Johnston, p. 164/165 Look/Danita Delimont , p. 164/165 G/Yajnesh Bhat, p. 166 G/Peterlakomy, p. 166 M/Ben Barden, p. 166 G/Ben Pipe, p. 166/167 G/Alan Copson, p. 167 sumikophoto/Shutterstock.com, p. 167 G/JoSon, p. 168 G/James Forsyth, p. 168/169 G/Ignacio Palacios, p. 169 M/Alessandra Sarti, p. 169 G/Ignacio Palacios, p. 169 M/robertharding, p. 170 Ralf Broskvar/Shutterstock.com, p. 170 G/Alan W Cole, p. 170/171 G/Patrick Morris, p. 171 G/Witold Skrypczak, p. 171 M/Michael Weber, p. 171 G/Muha04, p. 172 G/Southern Lightscapes-Australia, p. 172/173 M/Rainer Mirau, p. 174/175 G/Dean Fikar, p. 175 Kyle Kephart/Shutterstock.com, p. 176 G/www.sierralara.com, p. 176/177 G/Franckreporter, p. 176/177 G/Keith Ladzinski, p. 177 G/Rich Reid, p. 178 G/PhotoviewPlus, p. 178/179 G/Tambako the Jaguar, p. 178/179 G/Justin Reznick Photography, p. 178/179 G/Tetra Images, p. 179 G/Diana Robinson Photography, p. 179 M/Ingo Arndt, p. 180/181 G/Art Wolfe, p. 181 G/Kevin Thrash, p. 182/183 M/Donald M. Jones, p. 183 M/Cristovao Oliveira, p. 184/185 M/Brusini AurÈlien, p. 185 G/Eyewave, p. 186 G/Richard Nowitz, p. 186 M/Christian Ziegler, p. 186/187 G/Pascal Moulinier, p. 186/187 G/Danita Delimont, p. 187 G/Andrew M. Snyder, p. 187 G/Andrew M. Snyder, p. 187 G/Tier Und Naturfotografie J und C Sohns, p. 187 G/Andrew M. Snyder, p. 187 L-N/Shutterstock.com, p. 188 G/Kryssia Campos, p. 188/189 M/Francesco Puntiroli, p. 189 Michal Sarauer/Shutterstock.com, p. 189 G/Javier Fernández Sánchez, p. 190 G/Jane Sweeney, p. 191 Holger Hennern/Shutterstock.com, p. 191 Caio Pederneiras/Shutterstock.com, p. 191 G/Edson Vandeira, p. 191 G/Edson Vandeira, p. 192 G/Andrea Pistolesi, p. 192/193 M/Pete Oxford, p. 194 M/Bjanka Kadic, p. 194 M/Luciano Candisani, p. 194 G/Pintai Suchachaisri, p. 194/195 G/Tirc83, p. 195 M/Jacques Jangoux, p. 195 M/Zena Elea, p. 195 M/Tui De Roy, p. 195 M/Zena Elea, p. 196 G/Gabrielle Therin-Weise, p. 196 M/Frederic Soreau, p. 196 G/Westend61, p. 196/197 M/Andre Seale, p. 196/197 G/Pierronimo, p. 196/197 G/Guido Agüero, p. 197 Alejo Miranda/Shutterstock.com, p. 197 SATRIA NANGISAN/Shutterstock.com, p. 197 Joe McDonald/Shutterstock.com, p. 197 Anna Kucherova/Shutterstock.com, p. 198 G/Alex Saberi, p. 198/199 G/Alex Saberi, p. 198/199 G/Jesse Kraft, p. 198/199 G/Gerard Blignaut, p. 199 M/Gerald Abele, p. 200 M/Tui De Roy, p. 200 G/Joel Sartore, p. 200 G/I love nature! - I love Brazil!, p. 200 G/Todd Gipstein, p. 200/201 G/Westend61, p. 200/201 G/Giovani Cordioli, p. 200/201 G/James R.D. Scott, p. 201 MightyPix/Shutterstock.com, p. 202/203 M/Wei Hao Ho, p. 203 G/Jmichel Deborde, p. 204 M/Chris Stenger, p. 204/205 G/Mariusz Kluzniak, p. 204/205 G/Martinelli73, p. 204/205 G/Marco Bittel, p. 205 G/Juergen Ritterbach, p. 206 G/Gabriel Sperandio, p. 206/207 G/Agustavop, p. 206/207 G/Massimo Borchi, p. 207 G/Aumphotography, p. 208 G/Bruce Hood, p. 208/209 G/Eric Hanson, p. 208/209 G/Gcoles, p. 210 G/Philippe Widling, p. 210/211 G/Klaus Balzano, p. 210/211 G/Mariusz Kluzniak, p. 212 Look/age fotostock, p. 212/213 G/Global_Pics, p. 214 G/Ruben Earth, p. 214/215 G/MB Photography, p. 214/215 G/Andy Rouse, p. 215 G/Arthur Machado, p. 216/217 G/ViewStock, p. 218 G/Denis Svechnikov, p. 218 M/Julien Garcia, p. 218 G/Denis Svechnikov, p. 218/219 M/Martin Lindsay, p. 219 G/Denis Svechnikov, p. 220/221 G/Anna Dobos, p. 220/221 G/Danny Hu , p. 221 G/Reimar Gaertner, p. 222/223 G/Ilan Shacham, p. 222/223 G/Ilan Shacham, p. 222/223 G/Ido Meirovich, p. 223 G/Ilan Shacham, p. 224 G/Anton Petrus, p. 224/225 G/CNicholas Olesen, p. 224/225 G/Boom Chuthai, p. 225 G/Wanson Luk, p. 226 M/Alamy, p. 226 G/Jean-Philippe Tournut, p. 226 G/@ Didier Marti, p. 226/227 G/Ratnakorn Piyasirisorost, p. 227 G/Jean-Philippe Tournut, p. 228 G/Francesco Vaninetti Photo, p. 228/229 G/Anton Petrus, p. 228/229 G/SinghaphanAllB, p. 229 G/Anton Petrus, p. 230/231 G/Yuhan Liao, p. 230/231 G/Feng Wei Photography, p. 232 G/Kelly Cheng, p. 232 G/Kelly Cheng, p. 232 M/Sam Yue, p. 232/233 G/ViewStock, p. 234/235 G/Aphotostory, p. 235 G/Istvan Kadar Photography, p. 236 G/MelindaChan, p. 236/237 G/Kittisun kittayacharoenpong, p. 236/237 G/Haibo Bl, p. 238 godi photo/Shutterstock.com, p. 238/239 G/Topic Photo Agency, p. 238/239 G/wtsoki905, p. 239 M/Joe Blossom, p. 239 G/Jong-Won Heo, p. 240 G/Sunrise@dawn Photography, p. 240/241 G/CJFAN, p. 240/241 G/FuYi Chen, p. 241 G/Mr Monchai Awae, p. 241 G/FLPA/John Holmes, p. 241 G/FuYi Chen, p. 242/243 G/Yuga Kurita, p. 243 G/I love Photo and Apple., p. 244 G/Tomosang, p. 244 M/John Steele, p. 244/245 G/Putt Sakdhnagool, p. 245 G/imagenavi, p. 246 G/Asifsaeed313, p. 246/247 G/Punnawit Suwuttananun, p. 248 G/Punnawit Suwuttananun, p. 248/249 G/Feng Wei Photography, p. 250 G/Giulio Mignani, p. 250 G/Image Work/amanaimagesRF, p. 250/251 G/Jacek Kadaj, p. 250/251 M/Danita Delimont, p. 251 M/Gerard Lacz, p. 252 G/February, p. 252/253 M/Eric Dragesco, p. 252/253 G/David Davidov, p. 253 G/Athit Perawongmetha, p. 254/255 G/Steve Winter, p. 254/255 G/© Neha & Chittaranjan Desai, p. 255 G/Wolfgang Kaehler, p. 256 G/Steve Winter, p. 256/257 G/Saranga Deva De Alwis, p. 256/257 M/Westend61, p. 256/257 G/Kanwal Sandhu, p. 257 G/Daniele Carotenuto Photography, p. 257 M/Ashish & Shanthi Chandola, p. 258 G/Kwanchai_k photograph, p. 258/259 G/Anuchit kamsongmueang, p. 258/259 G/Nobythai, p. 259 G/www.tonnaja.com, p. 260 G/Stephen Frink, p. 260/261 G/Kampee patisena, p. 260/261 G/Steve De Neef, p. 261 G/Takau99, p. 261 G/Chanon Kanjanavasoontara, p. 261 Rich Carey/Shutterstock.com, p. 261 Gerald Robert Fischer/Shutterstock.com, p. 262 G/Damocean, p. 262/263 G/Bento Fotography, p. 262/263 G/Dollia Sheombar, p. 264/265 G/Ho Ngoc Binh, p. 264/265 G/Chi My. Trung Hamaru. Vietnam., p. 265 G/Ho Ngoc Binh, p. 266/267 G/Kat Clay, p. 267 G/Jonas Ginter, p. 268 G/Fletcher & BAYLIS, p. 268/269 G/Phil Curtis, p. 268/269 G/Tristan Savatier, p. 269 G/Juhku, p. 270 M/Alamy, p. 270 M/Alamy, p. 270 M/Alamy, p. 270 M/Alamy, p. 270 M/Alamy, p. 270 M/Alamy, p. 271 M/David Santiago Garcia, p. 271 M/Alamy, p. 271 M/Alamy, p. 271 M/Alamy, p. 272 M/Florian Neukirchen, p. 272/273 G/Puripat Lertpunyaroj, p. 272/273 G/Dinno Sandoval, p. 274 M/Anup Shah, p. 274 G/C. DANI I. JESKE, p. 274 M/Anup Shah, p. 274 M/Anup Shah, p. 274/275 M/Alamy, p. 276/277 G/Supoj Buranaprapapong, p. 276/277 G/Raung Binaia, p. 277 G/Aumphotography, p. 278/279 Look/Rainer Mirau, p. 280/281 G/Mevans, p. 281 G/Haveseen, p. 282 M/Konrad Wothe, p. 282 M/Martin Willis, p. 282 yoko van de geyn/Shutterstock.com, p. 282 M/Martin Willis, p. 282/283 M/Konrad Wothe, p. 283 G/Jaykayl, p. 284 Janelle Lugge/Shutterstock.com, p. 284 Look/Karl Johaentges, p. 284/285 iacomino FRiMAGES/Shutterstock.com, p. 285 Daniela Constantinescu/Shutterstock.com, p. 286/287 G/Ignacio Palacios, p. 286/287 G/Paul A. Souders, p. 288/289 G/Julie Fletcher, p. 289 G/Theo Allofs, p. 290 G/Matteo Colombo, p. 290/291 C/Mario Cipriani, p. 290/291 G/Piskunov, p. 291 G/Sino Images, p. 292 M/Andy Trowbridge, p. 292/293 G/irmaferreira, p. 292/293 G/Chiara Salvadori, p. 294 M/Tui De Roy, p. 294 M/Ingrid Visser, p. 294/295 Giedriius/Shutterstock.com, p. 294/295 M/Tui De Roy, p. 295 M/David Osborn , p. 296 G/Ethan Daniels/Stocktrek Images, p. 296/297 G/Tan Yilmaz, p. 296/297 Oscar Olsson/Shutterstock.com, p. 297 G/By wildestanimal, p. 298 M/Chris Newbert, p. 298 Elliotte Rusty Harold/Shutterstock.com, p. 298 NaturePicsFilms/Shutterstock.com, p. 298/298 G/Peter Pinnock, p. 298/298 G/Hal Beral, p. 298/298 Christophe Rouziou/Shutterstock.com, p. 299 scubaluna/Shutterstock.com, p. 299 Vojce/Shutterstock.com, p. 299 M/Norbert Wu, p. 299 M/Chris Newbert, p. 300/301 G/Mlenny, p. 301 Damsea/Shutterstock.com, p. 302/303 G/Premium, p. 303 G/Dahlquist Ron.



Édition allemande :
Textes : Özlem Ahmetoglu, Stephanie Fischer, Katinka Holupirek, Michaela Jancauskas, Laura Joppien, Andrea Lammert, Andrea Rudolf, Dirk Thomsen, Annika Voigt
Rédaction : Jennifer Valentin

Édition française :
Traduction : Audrey Pangrazzi
Correction : Élodie Ther
Mise en page : Julie Lotte

Dépôt légal : novembre 2024
Achevé d'imprimer en août 2024 en Lettonie par PNB Print.
ISBN : 978-2-344-06675-1

MIXTE
Papier | Pour une gestion forestière responsable
FSC® C084698